LA GRANDE-PEUR

Né en 1923 d'un père iroquois et d'une mère d'origine européenne, William CAMUS fut élevé à l'indienne dans la province de Yukon, cette contrée froide et hostile du nord-ouest du Canada.

Lorsqu'il eut atteint sa douzième année, sa mère décida de l'emmener en France. Déraciné, ne connaissant pas même la langue de ce nouveau pays, le jeune William gardait la nostalgie des espaces immenses, des lacs et des forêts de son monde originel.

Plus tard, ses multiples voyages le ramenèrent à plusieurs reprises chez les Indiens. À force de fréquenter les réserves des États-Unis et du Canada, il adhéra à un mouvement qui milite en faveur du nationalisme indien, et se lança du même coup dans la littérature.

William Camus est également l'auteur des *Légendes de la Vieille Amérique* (Pocket Junior / Mythologies, septembre 1996).

Ce livre a été publié pour la première fois en 1980
dans la collection « Aux quatre coins du temps »
des éditions Bordas.

Loi n° 49-956 du 16 juillet 1949 sur les publications destinées à la jeunesse : mai 1996.

ISBN 2-266-07159-9

William CAMUS

La Grande-Peur

Illustrations
de Carlo Wieland

POCKET

L'occupation des terres indiennes par l'Homme-Blanc

■ Territoires indiens.

□ Territoires envahis par l'Homme-Blanc.

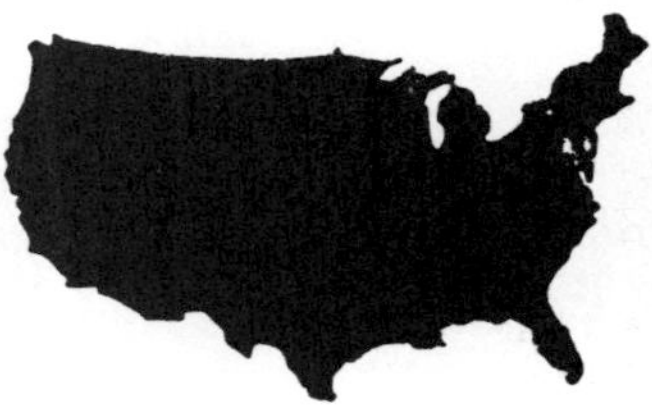

1492

Lorsque, après le périple atlantique de Christophe Colomb, l'Europe découvrit l'Amérique, plusieurs millions de Peaux-Rouges occupaient le nord du continent et vivaient en pleine liberté sur les terres de leurs ancêtres. Quatre-vingts millions de bisons paissaient dans les plaines centrales.

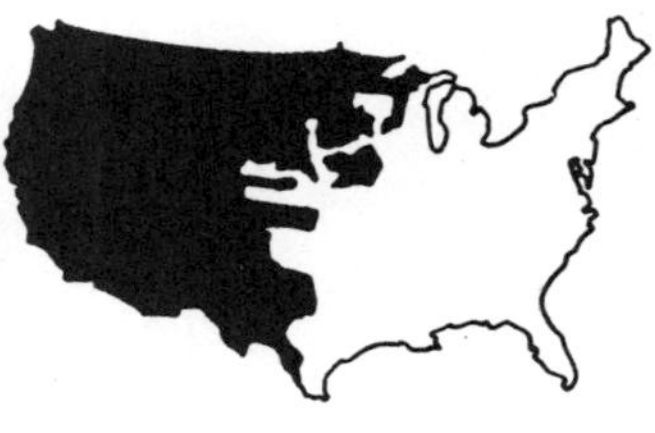

1820

Les colons affluent. Anglais, Français, Hollandais s'implantent sur la côte Est et s'enfoncent à l'intérieur du pays en repoussant les Peaux-Rouges toujours plus loin vers l'ouest. De nombreuses tribus sont anéanties en voulant résister à l'impitoyable envahisseur. En 1820 l'Homme-Blanc occupe la moitié du vaste territoire.

Un Blanc découvre de l'or dans le Colorado. Avides, les colons de l'Est délaissent la charrue pour la pioche et la pelle et se ruent en grand nombre sur la côte Ouest. San Francisco et Los Angeles connaissent une expansion subite. Les Peaux-Rouges habitant dans cette contrée sont boutés hors de leurs terrains de chasse. La tenaille se referme. Seules les tribus du centre sont encore à peu près épargnées.

1840

La jonction est faite entre l'Est et l'Ouest. L'Homme-Blanc a beaucoup chassé, et les bisons ont pour ainsi dire disparu. Les conquérants possèdent tout le pays, mais quelques tribus indiennes subsistent encore ici et là. Au sud, les Apaches opposent une résistance acharnée ; au nord, les Sioux et les Cheyennes voient venir le dernier affrontement. La Grande-Peur prend racine au cœur des plus braves. La bataille pour la liberté qui a lieu à Little Big Horn est un cri de victoire... et aussi un chant de mort.

1860

Le génocide bat alors son plein et atteint au plus sordide. Les Peaux-Rouges épuisés, affamés, n'ont plus la force de combattre. Certains remettent spontanément leur misère et leur honte entre les mains de l'Homme-Blanc. D'autres croient trouver le salut dans la fuite : ils sont pourchassés, traqués, capturés. Tous sont parqués dans des réserves, en proie au déshonneur et à la famine. Ils ne sont plus aujourd'hui que deux cent cinquante mille à survivre... Ainsi naquirent et prospérèrent les U.S.A.

Les réserves indiennes aujourd'hui.

Taureau-Assis
(Sitting-Bull)
photographié en 1885, cinq ans avant son assassinat.

Cheval-Fou
(Crazy-Horse)

Cheval-d'un-Autre
(appelé inexactement American-Horse par les Américains)

Nuage-Rouge
(Red-Cloud)
photographié en 1884 à Washington.

Historique

Décembre 1866

Le lieutenant-colonel Fatterman déclare qu'il peut traverser le territoire des Sioux avec cent hommes. Il est anéanti par Cheval-Fou.

Juillet 1867

L'armée américaine vient de recevoir le nouveau fusil Springfield à répétition. Nuage-Rouge attaque le major Powell. Il doit se replier en laissant de nombreux morts sur le terrain.

Novembre 1868

À la tête du 7e régiment de cavalerie, George Custer massacre les Cheyennes du Sud à la rivière Washita. Le chef Chaudron-Noir est tué. Parmi les morts on comptera 60% de femmes et d'enfants.

Avril 1871

Le village de l'Apache Cochise est attaqué. 108 vieillards, femmes et enfants sont tués. 29 enfants sont faits « prisonniers ». Les hommes valides étaient à la chasse avec leur chef.

1874

Le général Sheridan charge George Custer de mener une mission de géologues dans les Black Hills. Custer déclare à son retour qu'il a trouvé de l'or.

Septembre 1875

Rencontre officielle entre Blancs et Indiens. Cheval-Fou, Nuage-Rouge et Queue-Tachetée sont présents. Les envoyés de Washington proposent d'acheter les Black Hills. Les Indiens refusent, prétextant le caractère sacré de ce haut lieu. Les prospecteurs passent outre et se ruent dans les montagnes.

Mai 1876

Le général Crook, fort de quinze compagnies de cavalerie et de cinq d'infanterie, part en guerre contre les Sioux. Son but : soumettre ou détruire les rebelles qui ne veulent pas aller vivre dans une réserve.

Début juin 1876

Les Sioux, les Cheyennes et plusieurs autres tribus se rassemblent à la rivière Little Big Horn pour y célébrer la danse du soleil.

25 juin 1876

George Custer attaque avec le 7e régiment de cavalerie les Indiens massés à la rivière Little Big Horn. Il s'y fait massacrer avec ses soldats. Il n'y a aucun survivant. Les ordres donnés à Custer stipulaient qu'il devait reconnaître l'ennemi et attendre les renforts de Crook.

Après cette bataille, la concentration indienne se disperse. La chasse aux derniers Indiens libres est lancée.

CHAPITRE PREMIER

La Lune-de-l'Herbe-Montante [1] cachait un peu plus chaque nuit son triste visage. Nous allions bientôt voir poindre celui de la Lune-où-les-Poneys-Muent [2]. Les chasses de la Belle-Saison s'annonçaient fructueuses. Nos guetteurs avaient repéré un troupeau de bisons et nous allions pouvoir faire de la viande.

Normalement, Âme-Teinte, notre sorcier, aurait déjà dû ordonner les festivités et les danses. Mais Âme-Teinte semblait avoir d'autres soucis en tête. Cela faisait plusieurs soleils qu'il restait enfermé sous son tepee et les lugubres incantations qui s'en échappaient avaient de quoi donner le frisson.

Beaucoup d'entre nous se disaient bien informés. Ceux-là affirmaient que le sorcier

1. Avril.
2. Mai.

préparait une grande médecine utile à éloigner les Mauvais-Esprits de la tribu. Cependant, comme personne n'avait réellement reçu les confidences d'Âme-Teinte, la totalité des habitants du village attendait ses résultats dans la plus grande anxiété.

Nous, les gens du clan O-gla-la, faisions partie de la grande famille du Peuple-Couleuvre [1]. Nous errions à notre guise à l'est de la Rivière-de-Poudre [2], dans la plaine immense, à l'ombre des Montagnes-Sacrées [3]. Le Grand-Esprit nous avait donné cet endroit merveilleux afin d'y vivre heureux et libres. Mais, hélas ! depuis quelque temps nous ne savourions plus notre bonheur comme par le passé : nous connaissions à notre tour la Grande-Peur.

Oui, la Grande-Peur était apparue, elle avait pris racine dans l'esprit de tous et s'y maintenait, tel un arbre sans feuilles. En dépit des efforts d'Âme-Teinte pour ramener la confiance, les vieux sages se perdaient en réflexions et affichaient de sombres visages. Contrairement à leur habitude, les femmes o-gla-la ne criaient plus après les hommes. Les poneys eux-mêmes

1. Les Sioux.
2. Powder River (État du Wyoming).
3. Les Black Hills.

demeuraient taciturnes et prostrés dans les enclos. Il n'y avait guère que les enfants et les chiens pour afficher de l'insouciance.

Je n'avais vu tomber qu'une dizaine de neiges quand naquit la Grande-Peur chez les O-gla-la. Il y avait de cela quatre hivers. Entretemps j'avais reçu l'Initiation-des-Jeunes-Braves et, en dépit de cela, le malaise n'avait fait que croître en moi.

Il faut dire aussi que nos alliés, les Nuages-Bleus [1] et les Coupeurs-de-Doigts [2], ne faisaient rien pour arranger les choses. Ces hommes, pessimistes au possible, passaient leur temps à se lamenter et les prévisions macabres qu'ils se plaisaient à commenter ne ramenaient guère la paix dans mon esprit.

Ainsi, nous étions tous pour le moins très inquiets, l'Oiseau-Noir nous recouvrait de son ombre et nous regrettions le bon vieux temps.

En vérité, ce fut l'un des nôtres qui introduisit la Grande-Peur chez les O-gla-la. Nous la devions à Nuage-Rouge. Les autres peuples la connaissaient depuis de nombreuses saisons, mais aucun de nous n'en avait encore entendu parler. J'étais jeune à l'époque, néanmoins

1. Les Arapahoe.
2. Les Shoshone.

je me rappelle très bien comment tout a commencé.

Touche-aux-Nuages, le chef de notre tribu, avait organisé un grand pow-wow [1], et Nuage-Rouge était venu y assister avec les hommes de son clan, les Faces-Sinistres. Après avoir fumé le calumet, Touche-aux-Nuages parla de choses agréables pour se mettre en verve. Puis il aborda le sujet sérieux et la conversation roula sur les Faces-Pâles. Celui-qui-ne-va-pas-à-la-guerre-avec-ses-hommes [2] nous avait fait savoir qu'il voulait enfermer le Peuple-Couleuvre dans une réserve et Touche-aux-Nuages refusait cette déchéance pour les O-gla-la. Il dit que nous devions rester libres et continuer à vivre comme le Grand-Esprit l'avait prévu pour nous, que nous n'étions pas faits pour être parqués tels des bestiaux.

De son côté, Cheval-Fou [3], qui vouait une haine féroce aux Tuniques-Bleues [4], décréta que nous devions défendre la terre sacrée de nos ancêtres et refouler l'envahisseur au-delà de l'Eau-qui-Pue [5].

1. Conseil, palabre.
2. Le président des États-Unis.
3. Le fameux Crazy Horse.
4. Les soldats américains.
5. La mer.

Nuage-Rouge n'était pas de cet avis. Il affirma que les Faces-Pâles représentaient maintenant une trop grande force pour qu'il soit possible de les repousser. Il expliqua que les Tuniques-Bleues possédaient depuis peu des fusils tirant plusieurs coups sans qu'il soit besoin de les recharger et que nous péririons tous au combat. Selon lui, il était encore préférable de vivre dans une réserve que de mourir sous le feu de ces nouvelles armes.

Comme aucun des nôtres ne partageait son point de vue et que Cheval-Fou continuait à crier qu'il préférait la mort à la honte, Nuage-Rouge fit une pause et murmura comme pour lui-même : « De toute façon, notre existence touche à sa fin. »

Âme-Teinte, qui jusque-là n'avait fait qu'écouter, lui demanda ce qu'il voulait insinuer. Et c'est alors que Nuage-Rouge prononça la phrase fatidique : « Les Tuniques-Bleues ont reçu ordre d'EXTERMINER TOUS LES INDIENS. »

À cet énoncé, nous fûmes tous frappés de stupeur. Nuage-Rouge n'avait pas la réputation de parler pour ne rien dire, mais de là à imaginer pareille volonté...

Exterminer tous les Indiens !

Nos Sages ne prirent pas ces paroles au sérieux. À vrai dire, le respect que nous accordions à Nuage-Rouge avait beaucoup baissé ces dernières années. Ce chef, bien sûr, appartenait au Peuple-Couleuvre ; néanmoins, il semblait l'avoir oublié depuis plusieurs neiges. Cela faisait longtemps qu'il ne portait plus d'arme et prêchait la paix avec les Faces-Pâles. Et puis, en compagnie de ses partisans, il avait dressé son camp à proximité des Tuniques-Bleues, près d'une grande bâtisse carrée que nos ennemis nommaient Fort Laramie. Aigle-Tacheté, un de nos meilleurs orateurs, y était allé une fois en délégation. À son retour, il en avait dit grand mal. Ce n'était qu'un amas de cases exiguës et sales. L'air y empestait le crottin à dix jets de flèche à la ronde.

Notre Chef-de-Guerre Cheval-Fou, quant à lui, n'était pas loin de croire que Nuage-Rouge avait perdu l'esprit. D'autres d'ailleurs, tels que Lune-Noire et Pluie-dans-la-Figure, prétendaient que le pauvre homme n'était plus tout à fait comme nous, qu'à vivre à l'ombre de ce fort il était à son tour devenu un Homme-Blanc.

Mais, au cours des soleils suivants, les O-gla-la durent se rendre à la raison. Les Êtres-Humains [1], qui campaient avec nous, remémorèrent les événements survenus à la rivière

1. Les Cheyennes.

Washita plusieurs hivers auparavant [1]. En massacrant le chef Chaudron-Noir et la quasi-totalité de son peuple, le Tueur-de-Femmes [2], à la tête de sa bande d'assassins, nous montrait que le carnage était déjà commencé.

À cette époque, Chaudron-Noir était pourtant en paix avec les Faces-Pâles. Mais le Tueur-de-Femmes avait rompu le traité sans crier gare. Dans le seul désir d'anéantir les Êtres-Humains, il avait attaqué traîtreusement au petit matin, les surprenant en plein sommeil. Et, sans épar-

1. Le massacre des Cheyennes du Sud en 1868.
2. George Custer, qui commandait le régiment.

gner les femmes, les vieillards et les enfants, ses soldats avaient aveuglément tiré à travers les tentes, faisant un véritable carnage. Les fugitifs avaient été impitoyablement poursuivis. On retrouva des victimes scalpées et mutilées dans les collines alentour.

D'autre part, nous connaissions les batailles que devaient livrer Ceux-qui-nous-Obligent-à-Baisser-la-Tête [1]. Les tambours nous contaient assez les violents combats que Geronimo et Cochise devaient livrer pour survivre avec leurs guerriers Chiri-Cahua.

Oui, nous assistions à une destruction délibérée. Au retour d'une chasse, Cochise avait pu constater d'ailleurs de quoi les Faces-Pâles étaient capables. En son absence, une troupe de Tuniques-Bleues avait fondu sur son village et tué plus d'une centaine d'innocents sans défense. L'épouse du chef Chiri-Cahua était morte, ainsi que ses plus proches parents.

Les Faces-Pâles voulaient s'emparer du pays tout entier et ne reculaient devant aucun massacre pour arriver à leurs fins.

Personne n'était plus épargné. Les femmes, les enfants et les vieillards tombaient sous les balles. Les Tuniques-Bleues étaient partout et

1. Les Apaches, de plus petite taille que les Sioux.

nos territoires de chasse fondaient un peu plus à chaque saison. De notre côté, il ne se passait pas une lune sans que nous ayons à repousser une attaque. Cheval-Fou en savait quelque chose, lui qui participait à tous les engagements.

Alors, nous dûmes bien nous rendre à l'évidence. Les paroles de Nuage-Rouge n'étaient pas dénuées de sens. Malgré leurs nombreuses promesses de paix, les Faces-Pâles avaient bel et bien décidé de nous anéantir. Après les autres, notre tour venait. L'œuvre s'accomplissait lentement et nous serions les derniers à succomber.

La Grande-Peur s'installa donc au fil des neiges et chaque O-gla-la la porta bientôt dans son ventre. Rien n'arrêtait la soif de conquête des Faces-Pâles. Et, s'il nous était impossible de nous opposer à leurs fusils tirant plusieurs coups, nous n'avions plus qu'à entonner notre Chant-de-Mort.

Mais n'allez pas croire que nous passions notre temps à geindre. Non ! Nous ne pensions à notre malheur que par moments, quand nous ne pouvions pas faire autrement. Nous, les O-gla-la, étions les Indiens les plus courageux de la terre. Le Grand-Esprit l'avait voulu ainsi, nous le savions, et cela nous procurait du réconfort.

J'en étais là de mes réflexions, une étoile scintillant par le trou à fumée du tepee, quand on gratta à la peau qui en fermait l'entrée. Une haute silhouette se plia en deux et pénétra sous la tente. Instantanément je reconnus Cheval-d'un-Autre !

Cheval-d'un-Autre était mon père. Il devait son nom à ce qu'un jour, au cours d'un combat, il s'était emparé de la monture d'une Tunique-Bleue. Il lui avait d'ailleurs pris aussi son scalp et son revolver à six coups. Le scalp ornait la chemise de guerre de Cheval-d'un-Autre. Le six-coups, enveloppé dans une peau de daim, attestait sa témérité. Le cheval, lui, ne valait pas grand-chose, il piaffait pour un rien et ne savait pas se taire lors d'une embuscade, mais mon père l'avait gardé en témoignage de sa bravoure.

J'étais encore célibataire et, comme je n'avais ni oncle ni tante, j'habitais avec Cheval-d'un-Autre. Ma mère, Antilope-Sauvage, était morte une dizaine de neiges auparavant ; elle avait reçu un coup de sabre dans le ventre alors qu'elle arrachait son fusil à une Tunique-Bleue à la Bataille-des-Cent-Tués [1]. Afin de ne pas

1. Attaque de la colonne Fatterman par Cheval-Fou et ses guerriers sioux en décembre 1866.

amener la malédiction sur notre tente, nous ne parlions jamais d'Antilope-Sauvage avec mon père, mais nous y pensions souvent.

Cheval-d'un-Autre ne paraissait pas vouloir entamer une conversation. Il posa son arc, ses flèches et ôta de ses cheveux sa parure de plumes. Il retira aussi ses mocassins et regarda longuement ses semelles avec une moue songeuse...

— Hoo-Ki [1] ! lançai-je par politesse.

Il se tourna vers moi et haussa une épaule.

— Hoo-Ki, répondit-il mollement.

Je fis semblant de m'absorber dans la contemplation de mon nombril, mais j'observais discrètement Cheval-d'un-Autre du coin de l'œil.

C'était un véritable colosse, un géant ! Le plus grand des O-gla-la lui arrivait à l'épaule. Je n'avais pas, hélas ! hérité de sa stature. Au dire de ceux qui l'avaient connu, je ressemblais à ma mère, j'étais court et trapu.

J'enviais secrètement la force de mon père, pour sûr ! Néanmoins, je me consolais en constatant que sa forte carrure le rendait légèrement lourdaud.

1. Terme de bienvenue.

Cheval-d'un-Autre tourna en rond dans le tepee, se cogna partout en bougonnant selon son habitude, et s'aperçut enfin qu'une marmite réchauffait entre les pierres du foyer. Il souleva le couvercle, huma et fit une horrible grimace. Excédé par son attitude vexante, je crus bon de préciser :

— C'est une soupe aux orties.

Il grogna, remplit une écuelle et commença à manger en adoptant un air de plus en plus dégoûté. Apparemment, il avalait ma soupe en conservant une arrière-pensée. Je n'étais pas idiot et je savais très bien ce qui le tourmentait. J'ajoutai, en ayant soin de montrer une grande désinvolture :

— Tu sais, Cheval-d'un-Autre, sans vouloir t'influencer, je crois sincèrement que tu devrais prendre une femme. Un bon chasseur comme toi pourrait même en nourrir plusieurs. Il y a bien deux ou trois vieilles dans la tribu qui seraient heureuses de t'épouser et de venir habiter sous ton tepee.

Le regard noir de mon père coula vers moi, sa bouche se crispa et il ne répondit pas. J'insistai :

— Tu pourrais au moins y réfléchir sérieusement. Je suis fatigué de cuisiner. J'ai vu tomber quatorze neiges et tu sembles oublier que j'ai passé l'Initiation-des-Jeunes-Braves. Je suis un homme maintenant et des tâches plus importantes m'attendent.

Cheval-d'un-Autre cessa de mâchouiller et cracha une grosse boule d'orties dans le foyer. J'ajoutai, en mettant de la chaleur dans ma voix :

— De plus, si nous considérons que tu n'as vu tomber que cinquante neiges, il est probable qu'une vieille pas trop vieille puisse encore te donner un enfant. Un petit frère ne me gênerait pas.

Je crus que mon père allait s'étrangler et je m'en sentis tout à coup responsable. Sans doute n'avais-je pas coupé les orties assez finement. Enfin, il déglutit péniblement, me montra deux yeux rouges effarés et daigna répondre :

— J'y songerai.

À moitié rassuré, je vins m'asseoir en face de lui.

C'était un véritable régal de contempler mon père et j'aurais pu le faire indéfiniment. Tout en sa personne respirait la maîtrise de soi. Et puis ses bras musclés et son cou de taureau étaient impressionnants. À ma connaissance, c'était le plus bel Indien de toute la création et j'étais fier d'être son fils. Parfois, à le voir si solide et serein, je me demandais s'il lui arrivait d'éprouver la Grande-Peur. Nous étions deux hommes et nous n'avions jamais abordé le sujet ; du moins, pas ouvertement. Présentement, rien dans son apparence ne laissait supposer qu'une crainte l'habitait. Ses yeux bridés disaient sa loyauté et sa bonté. Son assurance était totale ; seule ma soupe semblait le déconcerter.

Cheval-d'un-Autre essuya ses lèvres charnues d'un large revers de main, me fixa en souriant à peine et me demanda :

— As-tu du Tchacun-cha-cha[1] ?

1. Mélange de tabac et d'écorce de saule rouge.

Je m'empressai de saisir une pipe, la bourrai, l'allumai et la lui tendis. Mon père me remercia d'un clin d'œil reconnaissant et disparut dans un nuage de fumée.

Je restai pantois, le souffle coupé.

S'il pensait en être quitte avec les quelques mots qu'il avait prononcés, Cheval-d'un-Autre se trompait grossièrement. Les bisons remontaient du Sud et un important troupeau était signalé. Aucun O-gla-la, en dehors des guetteurs, ne devait l'approcher, car il était toujours à craindre que les bêtes ne prennent peur et ne s'enfuient avant que ne commence la chasse. Or, mon père était un de ces guetteurs qui, tout au long de ce dernier soleil, avaient pu les observer. Il avait assurément des tas de choses intéressantes à raconter à leur sujet et je brûlais de les apprendre.

Il m'était impossible de poser à mon père une question directe sans commettre une impolitesse et nuire à sa liberté. Aussi, afin de satisfaire ma curiosité, je pris le biais qui s'imposait et dis d'un ton volontairement dégagé :

— On prétend que les bisons remontent en direction de la Rivière-de-Poudre...

Cheval-d'un-Autre dissipa d'un mouvement du bras la fumée dont il était entouré et concéda :

— C'est vrai.

J'enchaînai :

— On dit encore que c'est un gros troupeau et qu'il suffira à nos besoins...

Mon père se borna à incliner la tête. Je précisai en m'attachant à cacher mon impatience :

— J'aimerais savoir s'ils sont très nombreux...

Il considéra son gros orteil, le tordit entre ses doigts, poussa un long soupir et répondit avec effort :

— Il y en a BEAUCOUP.

Et voilà ce qui m'horripilait chez Cheval-d'un-Autre. En dépit de ses immenses qualités, il manquait toujours de précision. Dès qu'il s'agissait de compter, il ne savait que dire : UN, DEUX OU BEAUCOUP.

Pour me donner le temps de reprendre mon calme, je m'emparai de sa pipe, la curai, la remplis à nouveau et la lui glissai entre les dents. Puis j'élevai la voix pour le sortir de son mutisme :

— Ne peux-tu m'en dire réellement davantage sur l'importance de ce troupeau ? C'est agaçant, à la fin, de t'arracher les mots de la bouche !

Cheval-d'un-Autre prit un brandon au milieu des braises, le posa sur le fourneau de sa pipe, aspira goulûment et parut finalement remarquer mon impatience. Alors, il sortit de sa torpeur, agita les bras et dit avec agacement :

— Pourquoi vouloir compter tous ces bisons puisque nous savons tous qu'il y en a assez pour couvrir nos besoins ? Quelques bêtes en plus ou en moins ne changent rien à l'affaire. Il suffit donc de savoir qu'il y en a BEAUCOUP !

Il avait raison !

Pour ne pas lui montrer qu'il m'avait convaincu, je me levai et allai m'allonger sur ma couche. Mais Cheval-d'un-Autre était lancé. Il continua à pérorer comme si j'étais encore en face de lui à l'écouter et m'abreuva d'un flot de paroles. Il se lamenta sur ma trop grande curiosité, en profita pour me reprocher mes principaux défauts, me prodigua ses plus précieux conseils, m'enjoignit plus de réflexion et je ne sais plus quoi d'autre...

Mon père était étonnant ! Ou bien il restait trois soleils sans prononcer un mot, ou bien il se lançait dans un discours que rien ne pouvait arrêter. Et pour me dire quoi ? des choses qu'il m'avait plus de cent fois hurlées dans les oreilles !

J'étais fatigué et, comme il déclamait encore, je m'enroulai dans une chaude peau d'ours et fermai les yeux...

Hélas ! des bisons apparurent sur l'écran de mes paupières... un grand mâle semblait même me narguer. Je le chassai... il revint !

Alors, n'y tenant plus, je me levai d'un bond, me plantai devant Cheval-d'un-Autre et criai plus fort que lui :

— Tais-toi un instant, veux-tu ? et fais un effort ! Si tu ne m'en dis pas plus sur l'importance de ce troupeau, je ne vais pas fermer l'œil de la nuit !

Mon ton énergique eut pour effet d'interrompre son monologue. Ses bras retombèrent le long de son corps et sa bouche resta entrouverte. Puis il se ressaisit.

— C'est bon, dit-il au bout d'un moment, je vais t'apprendre ce que tu veux savoir...

Mon père se concentra pour mieux revoir la scène à laquelle il avait assisté et ajouta :

— Eh bien, si ces bisons passaient devant toi sur une seule file, tu pourrais en voir le temps de fumer cinq pipes.

Résigné, je ne pus que murmurer :

— Merci, Cheval-d'un-Autre, pour ta grande précision.

Si j'avais insisté, nous aurions tourné en rond toute la nuit. Je jetai ma couverture sur mes épaules et sortis du tepee. La voix de mon père me parvint encore :

— Tu vois bien que j'ai raison de prétendre qu'il y en a BEAUCOUP !

Je ne répondis pas. Cheval-d'un-Autre était plus têtu qu'une mule, mais le respect que je lui devais m'interdisait de le lui dire.

La rosée humecta mes pieds nus. Un vent frais me piqua au visage. La lune mordue par moitié éclairait faiblement la Rivière-de-Poudre. Nos tepees rangés en cercle épousaient la boucle de la rive. Seul celui du sorcier était illuminé, un grand feu brûlait certainement à l'intérieur. Tandis que les O-gla-la dormaient, il préparait la médecine utile à enrayer la Grande-Peur. Une sinistre mélopée parvint jusqu'à moi. Effrayé, un hibou quitta sa branche, s'envola dans un bruit feutré. Son cri me fit penser au Mauvais-Esprit-de-la-Nuit...

Je m'éloignai, histoire de me dégourdir les jambes, et fis quelques pas en direction de la rivière. Des chiens aboyèrent à ma vue et se glissèrent dans un coin noir. En écho, une hyène ricana sur les hauteurs. Au loin, un coyote hurla à la mort. Un nuage passa, accentuant les ombres.

Je frissonnai brusquement.

Je voulus fredonner une chanson gaie, mais la Grande-Peur monta de mon estomac et s'arrêta en travers de ma gorge.

Je retournai sur mes pas et m'installai auprès de Cheval-d'un-Autre.

Il dormait.

J'aurais préféré qu'il parle encore.

CHAPITRE II

C'était une aube grise, un matin triste, dépourvu de soleil. Les tepees se nichaient dans la brume épaisse et la Rivière-de-Poudre était invisible. L'air froid et humide n'engageait pas à l'inaction, aussi décidai-je d'aller libérer les montures de l'enclos.

En plus du grand cheval noir qu'il avait dérobé à la Tunique-Bleue, mon père possédait trois poneys. La jument était spécialement dressée à la chasse, l'étalon au combat. Le troisième, un jeune fringant à la robe tachetée, servait à Cheval-d'un-Autre lorsque, n'ayant rien à faire, il paradait dans le camp comme un dindon pour faire admirer les trophées qui ornaient sa chemise de guerre.

Moi, je n'avais qu'un cheval, mais il était si intelligent qu'il en valait plusieurs. Il savait de lui-même esquiver la charge du bison et galoper de concert avec le troupeau. Il savait aussi se tapir sans broncher dans les broussailles et accourait à mon appel. En vérité, ce poney ne me donnait que des satisfactions et j'avais bien le temps d'en dresser un autre pour me mesurer aux Faces-Pâles. J'étais jeune alors, je ne faisais encore partie d'aucun clan guerrier et je n'avais participé à aucune bataille.

La grande monture noire de mon père hennit à mon approche. Mon poney, mieux éduqué, attendit que je lui souffle dans les naseaux pour manifester sa joie. Je rassemblai notre petit troupeau et le menai vers un fourré où poussaient des peupliers des marais. Les chevaux aimaient à en manger l'écorce ; elle les engraissait bien et leur faisait un poil lustré.

Une voix sortit soudainement du brouillard :

— Hoo-Ki, Petit-Croc ! Je t'ai vu le premier et, si j'avais été un Absa-Rokee [1], tu serais mort.

Vexé de ne pas avoir décelé l'approche, je répliquai :

— C'est que mon ouïe est assez fine pour avoir reconnu la démarche de Pied-de-Corbeau ! Qu'ai-je à craindre de mon frère ?

1. Un Corneille, ennemi des Sioux.

La maigre silhouette de Pied-de-Corbeau se dégagea du brouillard. Et le prétentieux semblait ravi ! Sa grande bouche, fendue jusqu'aux oreilles, disait la satisfaction qu'il épouvait pour le bon tour qu'il venait de me jouer.

Irrité, je fis en sorte d'ignorer son air hilare et reportai mon attention sur les poneys.

Pied-de-Corbeau était mon ami, mais par moments il me portait sur les nerfs. Sous prétexte qu'il avait vu tomber deux neiges de plus que moi, il avait tendance à me considérer comme un enfant. J'étais meilleur chasseur que lui, il le savait, et je crois que cela le rendait un peu jaloux. Mais il était en visite chez nous et les lois de l'hospitalité m'imposaient de garder mon calme.

Bien qu'il appartînt au Peuple-Couleuvre, Pied-de-Corbeau n'était pas un O-gla-la. En réalité, il était le fils de Taureau-Assis [1], le fameux sorcier de la tribu des Hunk-pa-pa. Cela m'amena à lui demander des nouvelles de son père.

— Il se porte bien, me répondit-il. À part, bien sûr, ses rhumatismes.

Le vieux chef en était affligé depuis son plus jeune âge. Cette détestable maladie lui avait

1. Sitting-Bull.

d'ailleurs valu son nom. Les os de ses genoux grinçaient tant et plus. Si bien qu'il ne manquait jamais une occasion de s'asseoir afin de soulager ses douleurs.

— Nous sommes venus participer à la chasse, me dit encore Pied-de-Corbeau. Les bisons que vous avez repérés sont-ils très nombreux ?

Cette question m'en rappelait une autre. Je dis avec désinvolture :

— S'ils défilaient devant toi, tu aurais le temps de fumer cinq pipes avant d'en voir la fin.

À ma grande stupéfaction, Pied-de-Corbeau parut se satisfaire de cette définition. Son indifférence pour le détail aurait comblé d'aise Cheval-d'un-Autre. Le Hunk-pa-pa ne fit que hocher la tête et proposa :

— Si nous allions nous baigner ?

La Rivière-de-Poudre était grosse de la fonte des dernières neiges. Malgré cela, je courus à la rive, me déshabillai et plongeai courageusement dans l'élément glacé. Pied-de-Corbeau m'imita et disparut sous l'eau. Lorsqu'il remonta à la surface en s'ébrouant, je vis qu'il avait la chair de poule. Je le fixai droit dans les yeux et remarquai :

— Ne dirait-on pas que tu es transi ? Un Hunk-pa-pa serait-il moins résistant qu'un O-gla-la ?

— Oh non ! répondit-il en claquant des dents. Dans le Nord, la saison passée, je cassais la glace chaque matin tant j'éprouve de plaisir à nager.

Je sortis de la rivière et enfourchai mon poney.

— Alors suis-moi ! lui criai-je. Une course dans le vent nous séchera.

J'excitai ma monture, elle partit ventre à terre. Après quelques foulées, je jetai un regard par-dessus mon épaule et je vis Pied-de-Corbeau sauter dans ses vêtements. Je l'enviai secrètement : le froid bleuissait ma peau et mes membres étaient déjà aussi durs que du bois mort.

Quand je revins vers les peupliers des marais, mon ami n'était plus là. J'enfilai prestement ma chemise de daim et mes jambières. Je grelottais, mais j'avais cloué le bec à Pied-de-Corbeau, et c'est ce qui importait !

Pour me réchauffer, je parcourus le chemin du retour en courant. Le sang circula à nouveau dans mes veines et ma peau reprit son aspect normal.

Les tepees des Hunk-pa-pa, que la brume m'avait cachés en partant, formaient un cercle à l'ouest de notre camp. L'idée me vint de rendre visite à Taureau-Assis et je fis un crochet afin de changer d'habits.

Cheval-d'un-Autre n'était plus dans notre tente. Sans doute avait-il repris sa surveillance derrière les collines. Je revêtis une tenue ornée de broderies en perles, chaussai mes meilleurs mocassins et fixai dans mes cheveux la plume de bienvenue. Ainsi, j'étais magnifique !

Comme pour me faire honneur, un rayon de soleil perça entre les nuages. Plusieurs filles levèrent les yeux sur mon passage et lissèrent leurs nattes. Elles étaient toutes trop maigres et bien trop jeunes pour que je m'y intéresse.

Cheval-Fou polissait la hampe de sa lance devant son tepee. Je ralentis et lui souris. Ses lèvres se détendirent et il me rendit mon salut. Une bouffée d'orgueil m'envahit.

Je n'avais encore jamais échangé un seul propos avec Cheval-Fou. Je le respectais trop pour outrepasser mes droits. Il était le Chef-de-Guerre des O-gla-la, je n'étais qu'un jeune brave, et l'usage des convenances voulait qu'il m'adresse la parole en premier. Et puis je crois bien qu'il me faisait un peu peur.

C'est que Cheval-Fou passait pour un être extraordinaire. On chuchotait qu'une puissante médecine le protégeait et le rendait immortel.

À ce qu'on disait, il s'agissait d'une pierre qu'il plaçait sous sa selle et qui l'avertissait du danger. À bien le regarder, il n'était pas loin de me ressembler. Comme moi, il était court et trapu et une certaine élégance émanait de sa personne. En revanche, il était plus vieux, il avait vu tomber trente-deux neiges.

Et ce n'était pas un « traîne-autour-des-forts », lui, comme Nuage-Rouge. Il menait toutes les attaques du clan guerrier des O-gla-la contre les Tuniques-Bleues et on ne le voyait jamais sans ses armes.

En dehors de ça, Cheval-Fou parlait peu, il ne plaisantait qu'avec ses guerriers, ne jouait qu'avec les enfants et ne dansait jamais pendant les fêtes. Cela nous différenciait car j'aimais beaucoup danser.

Le village des Hunk-pa-pa fourmillait d'activité. Les femmes allumaient des feux, les hommes bâtissaient les enclos des montures. Des enfants transportaient des paquets. Une meute de chiens grondante se disputait un os.

Je ne vis pas Pied-de-Corbeau, mais j'aperçus son père. Taureau-Assis n'avait pas changé depuis notre dernière conversation, trois saisons auparavant. Bien que des fils blancs se soient glissés dans ses cheveux noirs, il paraissait bien surmonter ses incessantes crises de rhumatismes.

Présentement il fumait, béatement assis sur un ballot de fourrures, à proximité de son tepee. J'allais m'approcher quand deux femmes hurlant et gesticulant sortirent de la tente. Surgissant en trombe, elles se campèrent devant le vieux sorcier, le prenant à témoin à propos d'ustensiles de cuisine. Au milieu de ce tapage et de ces cris à lui faire éclater les tympans, il demeura impassible, comme perdu en une pensée profonde. Ces deux harpies étaient ses épouses, et je pense que Taureau-Assis avait pris l'habitude de les entendre se chamailler.

Quant à moi, je décidai de revenir plus tard. Je supportais déjà les hennissements du grand cheval noir de mon père, je n'allais pas en plus écouter les piaillements de deux pies en colère. Celles-ci ne devaient pas avoir la Grande-Peur en travers de la gorge. Ou sinon elles s'en étaient accommodées.

Je m'éclipsai et regagnai le camp des O-gla-la.

Avant d'y arriver, le son grave des gros tambours mit mes sens en alerte. Il conviait les membres de la tribu à un grand rassemblement.

Je courus.

Le village connaissait une inhabituelle effervescence. Chacun se pressait de gagner la grande place et je suivis le mouvement.

Âme-Teinte était enfin sorti de sa tente. Dressé au milieu de la foule, il brandissait ses deux hochets sacrés. Ses pieds frappaient le sol en cadence, donnant le rythme aux crieurs assemblés à ses côtés. Ceux-ci clamaient la nouvelle en psalmodiant un chant syncopé...

Les festivités allaient commencer ! La danse du bison aurait lieu ce soir ! La chasse débuterait demain à l'aube !

Voilà le moment que j'attendais... et que je redoutais le plus.

C'est au cours de la danse que Touche-aux-Nuages remettrait les cinq flèches rouges. Cinq jeunes braves, choisis parmi les meilleurs chasseurs, en recevraient une. Allais-je bénéficier de cet honneur ?

Selon notre coutume, ces cinq chasseurs ne rapporteraient pas de viande pour eux-mêmes. La totalité du produit de leurs captures serait distribuée aux veuves, aux vieillards et aux impotents. Et, outre le plaisir que procurait une telle abnégation, c'était pour un jeune brave une réelle consécration. Il devenait ainsi presque un homme et pouvait porter dans ses cheveux sa première plume d'aigle.

Les valeureux Sages feraient leur choix un peu plus tard dans la journée. Queue-Tachetée, Boit-l'Eau et Tonnerre-de-Feu allaient tenir un

petit pow-wow dans le tepee du sorcier afin d'en discuter. Refuse-d'Aller et Ours-Debout auraient aussi leur mot à dire...

Mais n'allaient-ils pas tous m'oublier ?

Non ! Queue-Tachetée connaissait très bien mon habileté et je parlais avec Refuse-d'Aller chaque matin... Chaque matin sauf ce dernier, où j'avais perdu mon temps à narguer Pied-de-Corbeau... Comment allais-je réparer cette erreur ?

Une idée ingénieuse me traversa l'esprit : le meilleur moyen d'obliger les Sages à penser à moi était de me montrer à eux !

Je me précipitai au bord de la rivière, capturai mon poney, revins sur son dos au triple galop et l'attachai bien en vue devant ma tente. Puis je m'engouffrai sous celle-ci. J'ôtai ma chemise et mes jambières, ne conservant que mon pagne et mes mocassins. Je nouai deux parures de duvet d'oie à mes chevilles pour avoir la légèreté de l'oiseau. Je peignis l'éclair sur ma poitrine afin de bénéficier de son impétuosité. Je saisis mon carquois avec mon arc et mes flèches, le passai sur mes épaules et sortis à l'air libre.

On pouvait maintenant voir en moi les signes du chasseur accompli et constater ma hâte à traquer le gibier. Il importait dès lors de me montrer aux Sages.

Raide et fier, sans excès, avec un rien d'importance dans le regard, je commençai à déambuler dans le camp.

Ce fut Boit-l'Eau que je rencontrai en premier. Mais il était si occupé par ses propres préparatifs qu'il ne me remarqua pas. Je toussai en pure perte pour attirer son attention. Il fourbissait son fusil et rien d'autre ne semblait compter pour lui. Il s'agissait de l'aborder plus ouvertement.

— Hoo-Ki, Boit-l'Eau ! lui lançai-je. Demain sera un beau jour pour mourir.

Sans jeter un œil sur moi, il leva son long nez vers le ciel et bougonna :

— Pas si les nuages restent aussi noirs.

Boit-l'Eau avait un caractère exécrable, c'était bien connu. Pire que celui de Cheval-d'un-Autre.

Je passai mon chemin et allai traîner mes mocassins du côté de la tente de Tonnerre-de-Feu.

Il réparait justement sa coiffe de cérémonie, assis devant l'entrée. Tonnerre-de-Feu m'accueillit plus aimablement. Il m'inspecta sous toutes les coutures et me demanda avec intérêt :

— Où vas-tu dans cette tenue ? La chasse n'aura lieu qu'au prochain soleil !

— L'odeur du bison me donne des fourmis dans les jambes, répondis-je en bombant la poitrine afin qu'il vît mieux l'éclair qui y était peint. N'est-ce pas une qualité digne d'un bon chasseur ?

Tonnerre-de-Feu ne manquait pas de bon sens. Il rumina ma question et me dit dans un sourire :

— Assurément ! Et j'imagine que ta ruse en est une autre.

Je baissai les yeux par modestie.

— Allons, ajouta-t-il, laisse-moi réparer cette coiffe. Sinon j'aurai l'air d'un wachpanne [1] ce soir, à la fête.

Je m'éloignai, pas mécontent de moi. Plus loin, Ours-Debout parlait, hélas ! avec Cheval-Fou. J'allais faire un détour quand le regard des deux hommes accrocha le mien. Je n'en crus pas mes yeux... Cheval-Fou en personne me faisait signe d'approcher. Mes jambes devinrent brusquement aussi molles qu'une vieille peau mouillée. Je m'avançai, cachant mon émotion sous une pâleur mortelle.

1. Un pauvre homme, un indigent.

— Voici un jeune brave qui n'est pas en retard pour la chasse, remarqua Cheval-Fou.

— Seul un vrai chasseur connaît l'impatience d'affronter le bison, commenta Ours-Debout en connaisseur.

Puis ils me tournèrent le dos et reprirent leur conversation. J'avalai ma salive par trois fois et sentis mes jambes devenir plus molles encore. Aucun des deux hommes ne m'avait adressé la parole directement, mais le fait qu'ils parlent de moi en ma présence disait l'intérêt qu'ils me portaient.

Après avoir pris une longue aspiration, j'eus conscience que mes membres se raffermissaient. À quelques pas de là, une souche m'offrait un siège. Je me posai dessus et attendis que le sang revienne à mes joues...

Un enfant surgit devant moi et me piqua la poitrine avec une poignée d'orties. Je me réveillai en sursaut, bondis sur mes pieds en poussant un cri. Le jeune s'enfuit en riant, fort content de lui.

Durant le temps des chasses, dès l'annonce des festivités, les enfants pouvaient se permettre les pires folies sans se faire gronder. Et ils ne s'en privaient pas ! Les mères étaient censées tout supporter. À l'aide de petits arcs qu'ils confectionnaient, les enfants s'amusaient à tirer

sur les outres d'eau pendues aux arbres, ils glissaient des hannetons dans le cou des adultes et leur fouettaient les mollets avec des rameaux de saule.

Nos hommes les plus honorés n'étaient pas épargnés. Touche-aux-Nuages et Cheval-Fou subissaient ces taquineries sans broncher, car chacun sans exception se devait de les accepter. Et, au dire de certains, c'était parfois plus éprouvant que d'affronter les Faces-Pâles. Ces garnements ne connaissaient plus aucune loi pendant les fêtes, et je crois que cela nous procurait beaucoup de bonheur à tous.

Il n'empêche que j'avais besoin de tranquillité. Je ne m'étais pas fait admirer par Queue-Tachetée et Refuse-d'Aller, mais j'y renonçai et allai me réfugier sous mon tepee.

Cheval-d'un-Autre affûtait son couteau sur une pierre du foyer. Il n'avait pas l'air renfrogné et paraissait disposé à parler. Il me dit, sans que j'aie besoin de l'interroger :

— Le troupeau est calme et comprend pas mal de jeunes veaux.

Je ne lui demandai pas combien il y en avait. S'il m'avait répondu BEAUCOUP, je ne l'aurais pas supporté. J'avais trop de choses en tête pour désirer m'empoigner avec Cheval-d'un-Autre.

Des cavalcades et des cris nous parvenaient de l'extérieur.

— Les enfants prennent du bon temps, dis-je sans y penser.

Mon père opina en regardant ma grise mine.

J'ôtai mes parures de duvet d'oie et accrochai mon carquois à un montant de la tente. Puis je m'installai face à Cheval-d'un-Autre et lui posai la question qui me brûlait les lèvres :

— Crois-tu que je sois digne de recevoir une flèche rouge cette nuit pendant la danse ?

Mon géant de père fit claquer sa langue et m'examina avec beaucoup d'attention.

— Est-ce si important pour toi ?

Je gardai le silence. Je ne voulais pas l'entendre m'assaillir de reproches, blâmer ma prétention.

Alors Cheval-d'un-Autre se leva, alla fouiller dans ses affaires et revint en tenant un paquet entre ses mains. Il déroula la peau avec soin et découvrit le six-coups qu'il avait pris à la Tunique-Bleue.

— Je ne sais pas si tu auras une flèche, murmura-t-il. Il appartient aux Sages d'en décider. Néanmoins, d'ici peu tu seras un homme, et à ce titre tu mérites quelques égards. Je voudrais te dire...

Sa voix s'étrangla, il évita mon regard, jeta le six-coups sur mes genoux et aboya :

— Tiens, prends-le, je ne sais qu'en faire ! Tu trouveras des cartouches dans le sac qui est là-bas. Et ne m'importune plus avec tes histoires de flèche. Je te conseille un peu plus d'humilité.

Je pris l'arme précieuse, la tournai entre mes doigts. Cet objet était un des rares trophées de mon père. Un de ceux qu'il prenait plaisir à exhiber lors des parades qu'il aimait tant.

Je ne sus que dire bêtement :

— Ne crois-tu pas qu'il... qu'il va te manquer ?

— Non ! déclara-t-il sèchement.

Et il s'allongea sur sa couche, posant son avant-bras sur ses yeux.

Je compris qu'il ne prononcerait plus un mot et je respectai son silence. Son mutisme était en quelque sorte une manière de cacher ses sentiments. Je le savais maintenant que j'avais vu deux larmes perler au coin de ses paupières. Je savais aussi que Cheval-d'un-Autre pouvait déborder de tendresse et que son apparente rudesse ne le mettait pas à l'abri de la Grande-Peur.

CHAPITRE III

Il faisait nuit noire et le bruissement des voix étouffées ne laissait planer qu'un faible bruit. Intimement mêlés pour la fête, les O-gla-la et les Hunk-pa-pa formaient un large cercle autour du bûcher élevé sur la place du village.

Assis à ma droite, Pied-de-Corbeau se tenait raide comme un piquant de porc-épic, ses mains osseuses aux doigts crispés posées sur ses genoux. Sur ma gauche, la solide épaule de Cheval-d'un-Autre frôlait la mienne. Comme moi, mon père retenait sa respiration. Nous attendions le début de la danse en cachant notre excitation.

Soudain, une voix de crécelle couvrit les chuchotements. Âme-Teinte, bras levés vers la voûte du ciel, chantait sur un ton haut perché pour inviter l'esprit de Wane-Kia [1] à descendre

1. Littéralement : Celui-qui-fait-vivre. Le fils du Grand-Esprit, dieu de la Chasse.

parmi nous. Le sorcier chantait faux, mais aucun O-gla-la ne doutait du résultat.

À la fin de cette pieuse incantation, les tambours grondèrent en cadence. Trois femmes entrèrent dans le cercle en marquant le pas. Malgré l'obscurité, je reconnus Vache-Blanche-qui-Voit, Plume-d'Aigle-Abondante et Femme-Aigle-Rouge. Légers, leurs mocassins ne soulevaient aucune poussière. Et c'était une prouesse de la part de Plume-d'Aigle-Abondante qui, à elle seule, faisait bien le poids des deux autres.

Vache-Blanche-qui-Voit tenait une boîte en écorce d'où s'échappait un filet de fumée. Cette femme était la gardienne du feu et il lui incombait de le transmettre au bûcher. Pendant que ses compagnes exécutaient une ronde préfigurant les dimensions de l'univers, Vache-Blanche-qui-Voit s'approcha du haut tas de bois, souffla dans sa boîte, y puisa une braise incandescente à l'aide d'un rameau fourchu, enflamma une poignée d'herbes sèches qu'elle jeta à la base de l'amas de branches. Aussitôt le bois s'embrasa. Une gerbe d'étincelles fusa en crépitant. Une vive lumière éclaira la place. Et l'assemblée apparut à mes yeux émerveillés !

Les membres du clan Hota-Mita-nio [1] étaient présents. Tous ceux qui comptaient plusieurs vies prises aux Tuniques-Bleues. Grand-Pied était là, avec son bouclier à l'épreuve des balles. Il y avait Balafré [2], à la face toute pleine de cicatrices. Et aussi Grande-Route, dont la lance possédait un pouvoir magique. Deux-Lunes, qui n'avait jamais montré son dos à l'ennemi. Pluie-dans-la-Figure, dont les scalps ornaient les perches de son tepee.

Et il y avait ceux pour qui les trophées témoignaient de leur bravoure : Oreille-de-Bison, Os-Éclaté, Chaud-Brouillard. Sans oublier mon père.

Tous portaient leurs plus beaux vêtements, leurs plus riches parures. Quelques hommes fumaient des pipes finement décorées. Les femmes, aux longues robes en peau ornées de coquillages rares, s'éventaient avec des ailes de faisan. Les chefs, à chaque mouvement, faisaient onduler les plumes d'aigle de leur grande coiffe. Les jeunes braves, qui ne pouvaient pas encore s'en parer, portaient des bonnets de four-

1. Littéralement : Chien-Guerrier.
2. Plus connu sous son nom anglais : Gall.

rure. Celui de Pied-de-Corbeau était taillé dans une peau de loutre. Le mien, un savant assemblage de pattes et de queues d'hermine, me semblait d'un plus bel effet.

Nulle part je ne vis Cheval-Fou. Étant donné sa nature effacée, il devait se tenir dans un coin d'ombre.

Les tambours se turent. Touche-aux-Nuages, le calumet sacré en main, fit trois pas à l'intérieur du cercle. Il était sobrement vêtu, mais un collier de griffes d'ours montrait son immense courage. Taureau-Assis, à son tour, avança dans la lumière. Il portait une splendide coiffe de castor ornée de deux cornes de bison. Bénéficiant des honneurs de l'hospitalité, Taureau-Assis avait le privilège d'allumer le calumet. Il le fit, pendant que Touche-aux-Nuages aspirait, et la fumée monta vers les nues. Le chef des O-gla-la la souffla six fois dans six directions différentes, rendant ainsi hommage au ciel, à la terre et aux quatre parties du monde [1].

Le rituel respecté, les festivités pouvaient commencer.

1. Les quatre points cardinaux.

Dans un fracas de grelots, les Heyo-Kas [1] surgirent à découvert. Accoutrés d'oripeaux, la face couverte d'un masque drôle, ils se livrèrent à des cabrioles, des pitreries qui nous firent rire aux larmes. Ils allèrent de l'un à l'autre en se contorsionnant, moqueurs, chatouillant le nez des chefs avec des brins d'herbe.

Le rôle de ces danseurs consistait à nous amuser, à nous détendre. La cérémonie suivante avait un caractère sérieux et il convenait d'alléger sa gravité.

Les sifflets d'os firent entendre un son plaintif, les tambours prirent un rythme lent et profond. L'arrivée du sorcier provoqua la fuite précipitée des Heyo-Kas.

La danse du bison commençait !

Âme-Teinte, entièrement recouvert par une dépouille de l'animal, allait en mesure, plié en avant, imitant la démarche pataude du ruminant. À sa suite, et pareillement affublés, venaient une douzaine d'hommes qui représentaient le troupeau. Ceux-ci firent trois fois le tour du foyer, puis ils errèrent à quatre pattes, faisant semblant de brouter, se roulant dans la poussière ou grattant le sol avec fureur.

1. Clowns, pitres.

Mais je n'avais d'yeux que pour Âme-Teinte. Sous son enveloppe de bison, il tenait cinq flèches rouges dans son poing, et il n'allait pas tarder à les attribuer.

Au bord inférieur de la grosse tête poilue qui lui emboîtait le crâne, le regard du sorcier roulait, à la recherche du premier élu. Mon ventre se noua lorsque je le vis s'éloigner à l'opposé de l'endroit où je me trouvais.

Il brandissait maintenant un de ses traits et n'avait pas l'air de vouloir revenir dans ma direction. Bien au contraire, il s'avança vers un jeune brave pétrifié d'espoir, esquissa le geste, pirouetta, sauta loin de lui et le ficha finalement en terre devant Rayon-du-Soir.

Un « Oh ! » admiratif sortit de toutes les poitrines, ponctuant le choix. Cheval-d'un-Autre ne s'était pas extasié avec le reste de l'assemblée, et je lui en fus reconnaissant. Pied-de-Corbeau ne paraissait guère plus détendu que moi. Je lui glissai à l'oreille :

— Rien n'est perdu, il en reste encore quatre.

Mon ami ne répondit pas. Sa raideur le faisait ressembler à un bloc de pierre.

Reprenant sa ronde hésitante, le sorcier se rapprocha enfin. Sa quête le mena à proximité de Pied-de-Corbeau, mais la brillance de ses prunelles se fixa sur moi.

Mon cœur s'arrêta de battre.

Il leva son bras, fit un tour sur lui-même, s'éloigna, revint, esquissa un pas de côté... et planta sa flèche entre les mollets de Petit-Renard !

Le « Oh ! » qui fusa me fit l'effet d'un coup de poing. Il n'en restait plus que trois, cela devenait plus qu'inquiétant. J'avais les nerfs à vif et j'en arrivais à envier l'hébétude de Pied-de-Corbeau. Et Âme-Teinte qui reprenait sa sarabande...

Je décidai de fermer les yeux. Je ne voulais plus le voir.

Deux « Oh ! » me firent encore sursauter. J'étais au désespoir. Les tambours martelaient ma cervelle. J'avais beau savoir que cette cérémonie avait pour but de nous apprendre la patience, le contrôle de nous-mêmes et l'humilité, je la trouvais trop éprouvante pour moi.

Le dernier « Oh ! » tomba, tout pareil au tonnerre. Mes épaules s'affaissèrent. Mon corps se vida de son sang.

Et le coude de Cheval-d'un-Autre s'enfonça dans mes côtes.

— Regarde, imbécile !

J'entrouvris les paupières... L'ultime flèche était là, fichée dans le sol, DEVANT MOI !

Pied-de-Corbeau était toujours aussi droit qu'une perche de tepee. Mon père triturait nerveusement son collier de dents d'élan. Et moi, je baignais dans une douce béatitude.

Les tambours et les chants eurent tôt fait de me réveiller. Les femmes poussèrent des trémolos [1] et les sifflets d'os déchirèrent la nuit. Je me levai, arrachai la flèche du sol et, la

1. Cris de gorge modulés, destinés à exciter l'ardeur des chasseurs ou des guerriers.

serrant précieusement dans mon poing, je me joignis au groupe des quatre jeunes braves choisis avant moi.

Épousant la cadence imposée par le ululement des femmes, nous copiâmes l'allure des chasseurs, lorsqu'ils progressent dans les broussailles à l'affût du gibier. Tout en tournant autour du faux troupeau, nous faisions semblant de ne pas le voir. Chacun de nous furetait, épiait, scrutait comme il l'avait vu faire en maintes occasions.

Soudain, Petit-Renard fit mine de découvrir la harde. Il imita le ricanement de la hyène. Nous passâmes à l'attaque à ce signal, prenant chacun un ruminant pour cible. Les hommes déguisés en bisons grondèrent, grattèrent le sol avec fureur, pointèrent leurs cornes dans notre direction, tels les vrais, quand ils reconnaissent l'odeur de l'homme.

Et ce fut la chasse, où se mêlèrent charges et esquives.

Je fus le premier à crier : « Yuhoo[1] ! » Le bison que je parvins à toucher avec ma flèche s'écroula et resta inanimé. Autour de moi, plusieurs jeunes braves furent bousculés, mais ils

1. Cri du chasseur qui vient d'abattre une bête.

se relevèrent vaillamment et reprirent le combat. D'autres « Yuhoo ! » éclatèrent et d'autres bêtes tombèrent.

Lorsque nous en eûmes chacun abattu deux ou trois, et qu'il n'en resta plus une seule debout, nous regagnâmes nos places. Nos parents et amis nous félicitèrent comme si nous avions participé à une vraie chasse.

Enfin, quand je dis « nos », je m'exclus du nombre. Pied-de-Corbeau était parti. Sans doute n'avait-il pas voulu assister à mes succès et me couvrir d'éloges. Mon père, perdu dans ses songes, ne pensait pas à m'adresser ses compliments. Je dus l'asticoter pour le ramener à la réalité :

— Alors, as-tu vu, Cheval-d'un-Autre ? J'en ai tué trois ! T'attendrais-tu à pareil exploit de la part de ton fils ?

Le résultat fut le contraire de ce que j'espérais. Il fit la moue et jeta du bout des lèvres :

— Peuh ! Tu n'en as touché aucun au défaut de l'épaule.

Interdit, je m'exclamai :

— Tu exagères ! Il s'agissait d'un simulacre et je ne risquais pas les sursauts d'une bête blessée.

— Fais en sorte de t'en souvenir demain, répliqua mon père. Je n'ai pas envie de voir le corps de mon fils piétiné par un vieux mâle rusé qui aurait simulé la mort.

Une fois de plus il avait raison. Dans le feu de l'action, j'avais quelque peu négligé mes compétences.

Âme-Teinte déclara la danse terminée. Les O-gla-la et les Hunk-pa-pa se dispersèrent, commentant les événements auxquels ils venaient d'assister. Cheval-d'un-Autre en profita pour se lancer dans un de ses discours sans fin. Il me rappela les règles de la chasse, les dangers que j'encourrais et la prudence dont je devrais absolument faire preuve. Il me reprocha de ne pas avoir plus de tête qu'une linotte, plus de clairvoyance qu'une taupe. Parvenus à notre tepee, il voulut vérifier l'état de mon arc, celui de mes flèches, et trouva à se plaindre de tout.

J'estimais le moment mal choisi pour subir ces blâmes et je lui dis tout net :

— Sais-tu, Cheval-d'un-Autre, que par instants tu m'obliges à regretter tes longues crises de silence ? C'est toi qui m'as appris ce que je sais, et je ne comprends pas ton insistance à douter de mes capacités.

Mon père se calma, ôta ses mocassins et me demanda :

— Combien, déjà, as-tu vu tomber de neiges ?

— Quatorze ! annonçai-je en me redressant de toute ma hauteur.

Cheval-d'un-Autre accepta le chiffre en dodelinant de la tête, puis il répondit avec ironie :

— C'est BEAUCOUP !

— Assez pour que tu ne me prennes plus pour un enfant, précisai-je. Ma parole, tu es pire que Pied-de-Corbeau !

Mon père abandonna son air sarcastique et une expression de bienveillance détendit ses traits. Il se déshabilla et s'enroula tout nu dans sa couverture.

— L'aube ne va pas tarder à poindre, ajouta-t-il. Les chasseurs ont besoin de repos.

À mon tour, je me couchai et remarquai :

— En fait, Cheval-d'un-Autre, je ne t'en veux pas. Tu rouspètes pour cacher les choses aimables qui sont en toi, je le sais bien, va...

Un ronflement sonore fit écho à mes paroles. Mon père ne dormait pas, j'en étais sûr. Il ne convenait pas qu'un fils mette les sentiments de son père au jour. Le mieux était de faire croire qu'il ne m'avait pas entendu. En moi-même, j'honorai la délicatesse de Cheval-d'un-Autre et je fermai les yeux...

C'est alors qu'un troupeau de bisons défila devant mes paupières. Ses meuglements hostiles peuplèrent mes rêves jusqu'au lever du soleil...

CHAPITRE IV

La colonne avançait dans le petit matin, le soleil commençait à montrer ses premiers rayons. Je chevauchais avec les chasseurs, une trentaine d'hommes en tout, aux côtés de Touche-aux-Nuages et de Grand-Pied. Taureau-Assis n'était pas avec nous, une crise de rhumatismes le retenait sous son tepee. Son fils, en revanche, cheminait en compagnie de Taureau-Blanc et de Tonnerre-de-Feu. Pied-de-Corbeau montait une petite jument qu'il avait capturée deux neiges auparavant.

Les jeunes braves, qui n'avaient pas encore le droit de participer à une grande chasse, nous suivaient en respectant une certaine distance. Ils avaient la charge des poneys de rechange et devaient veiller à les garder bien groupés. Derrière eux, les femmes menaient les montures de bât et les travois destinés à rapporter la viande.

Devant nous, à une portée de flèche, Cheval-d'un-Autre, Os-Éclaté et Chaud-Brouillard allaient en éclaireurs. Celui qui se serait permis de les dépasser aurait été tiré à bas de son cheval. Il importait de surprendre la harde et personne ne devait l'alerter par une fougue excessive.

Mon cœur battait dans ma poitrine plus fort qu'un tambour. Le moment tant espéré était enfin arrivé !

Je n'avais jusqu'ici tué qu'un veau isolé, rencontré par hasard. Mais, cette fois, j'allais me mesurer avec tout un troupeau et j'avais bien l'intention d'abattre un grand mâle. Cela ferait assurément cesser les moqueries de Pied-de-Corbeau et peut-être les incessants reproches dont m'accablait Cheval-d'un-Autre.

Mon poney lui aussi bouillait d'impatience, je le sentais frétiller sous moi. Dressé par mon père, je savais qu'il ne se déroberait pas durant l'attaque, et cette confiance affermissait ma hardiesse.

Le cheval de Grand-Pied, lui, se prit à hennir. Le chasseur en descendit aussitôt et lui assena un coup de cravache sur la croupe. Pendant que le poney regagnait seul le village, Grand-Pied attendit le passage des jeunes braves et en prit un autre. L'approche devait s'effectuer en silence, une monture nerveuse risquant de compromettre l'opération.

Les éclaireurs s'arrêtèrent au bas d'une colline sur laquelle poussaient quelques arbustes. Chaud-Brouillard et Os-Éclaté se coulèrent de leur monture et rampèrent jusqu'au sommet où ils restèrent embusqués.

Laissant les jeunes braves et les femmes en retrait, nous rejoignîmes Cheval-d'un-Autre. Celui-ci fit le geste de se couper la langue avec ses doigts et nous désigna un loriot perché sur une branche. Cet oiseau particulier ne vivait que dans le proche voisinage des bisons ; il les débarrassait des mouches en les gobant. Sa présence nous disait que le troupeau n'était pas loin.

Dès lors, plus une parole ne fut prononcée. Queue-Tachetée, qui avait la responsabilité d'organiser la battue, ficha sa lance dans le sol. À ce signal, nous descendîmes tous de cheval et chacun entreprit de quitter ses vêtements. Il était important d'avoir toutes ses aises pendant la chasse, et je ne gardai que mon pagne et mes mocassins.

Mon père, déjà nu, s'approcha de moi, ramassa mon arc et me le tendit. Un large sourire fendait le bas de son visage. J'ouvris la bouche pour le remercier, mais il posa bien vite son pouce sur mes lèvres et me montra le loriot de sa main libre. Je fis signe avec mes yeux que j'avais compris. Cheval-d'un-Autre retira son pouce, fit volte-face et alla enfourcher son poney.

Je sentis un regard posé sur ma nuque. Je me retournai d'un bloc. Cheval-Fou dardait son regard dans le mien. Son air chargé de malice me déconcerta.

Nous groupâmes nos affaires en un gros tas et récupérâmes nos montures. Cheval-d'un-Autre reprit la tête de la colonne et nous fit décrire une large boucle pour nous placer dans le vent.

Plusieurs chasseurs tenaient un fusil au creux de leur bras. Cheval-Fou était armé d'un arc. Il possédait un fusil, bien sûr ! Mais il ne s'en servait que pour tirer sur les Faces-Pâles. Grande-Route serrait sa lance magique, celle qu'il plantait devant son tepee pour qu'elle fasse l'admiration de tous.

Cheval-d'un-Autre fit halte, revint sur ses pas et s'incorpora à notre groupe. Il incombait maintenant à Queue-Tachetée de prendre la relève et d'organiser la chasse. Par gestes, celui-ci nous fit alors nous déployer sur une ligne en forme de demi-lune, face à la colline. Il pointa ensuite son bras vers la crête et nous gravîmes la pente jusqu'au sommet...

Et je les vis !

L'autre versant descendait en pente douce, et là, en plein milieu d'une grande plaine, broutait le troupeau de bisons !

Sans marquer d'hésitation, nous continuâmes notre progression dans sa direction, calmement, sans heurts, sans nous presser, au pas régulier de nos poneys. La tactique consistait à nous approcher de la harde, à l'envelopper sans l'affoler. Notre ligne s'incurva et, quand nous fûmes tout près, nos ailes se refermèrent sur le troupeau. Resserrant notre étreinte, nous avançâmes encore, jusqu'à ce que notre formation ressemble à l'empreinte laissée par le sabot du cheval dans la terre meuble. Cernées sur trois côtés, les bêtes ne pouvaient plus s'enfuir que dans une direction, celle que nous avions choisie.

Évitant tout geste brusque, je dégageai mon arc de mon carquois et m'emparai d'une flèche. La tension était grande, une frénésie soudaine pouvait animer le troupeau, et chacun de nous retenait son souffle...

Les bisons ne craignaient pas les chevaux, mais notre présence les inquiétait. Ils respiraient notre odeur et plusieurs grands mâles grognèrent. Comme mus par un même dégoût, ils s'ébranlèrent tous ensemble, lentement. Nous suivîmes le mouvement, chevauchant de concert avec eux, les flanquant à les toucher.

Je côtoyais une vieille femelle. Elle tourna la tête pour me renifler et je sentis la pression de sa corne sur mon mollet... mon poney ne broncha pas et je louai le dressage de mon père.

Soudain, Queue-Tachetée cria : « Hoka-Hey [1] ! »

Inconsciemment, je murmurai : « Hetchetu-Aloh [2] ! »

L'appel de Queue-Tachetée fut repris par toutes les poitrines. À mon tour, je criai :

1. Cri de guerre sioux.
2. « Qu'il en soit ainsi. »

« Hoka-Hey ! » et le troupeau, pris de panique, démarra au grand galop.

C'était maintenant la ruée sauvage, où chacun ne pouvait plus compter que sur lui-même, où nos hurlements se mêlaient à ceux des ruminants. La harde était lancée et rien ne pouvait plus l'arrêter. Nous n'avions plus qu'à suivre le mouvement en abattant le plus de bêtes possible.

Mon cheval n'avait pas quitté le flanc de la femelle. J'ajustai ma flèche et visai au défaut de l'épaule. Elle s'y enfonça jusqu'aux plumes. La femelle vacilla, du sang sortit de ses naseaux, gicla sur mes jambes et la robe de mon poney. Mais elle continua à courir avec le troupeau. Mon cheval évita un coup de corne, fit un écart et je faillis tomber. Je plaçai une seconde flèche sur la corde de mon arc et tirai une deuxième fois. Ce trait pénétra plus profondément que le premier et disparut complètement dans la vaste poitrine. La femelle poussa un long meuglement, trébucha et culbuta enfin dans les hautes herbes.

Fou de joie par cette réussite, je criai à m'en époumoner : « Yuhoo ! Yuhoo ! Yuhoo !... »

À chaque prise, les chasseurs ne devaient pousser ce cri qu'une fois. Mais, éperdu de fierté, je ne cessais de répéter : « Yuhoo ! Yuhoo ! Yuhoo ! »

Queue-Tachetée surgit à ma hauteur et vociféra :

— Es-tu en train de massacrer le troupeau à toi seul ?

— Que dis-tu ? Je ne t'entends pas ! hurlai-je à mon tour pour dominer le tumulte, et aussi pour ne pas reconnaître ouvertement ma légèreté.

Furieux, Queue-Tachetée fit se cabrer son cheval et se laissa glisser sur l'arrière de la harde.

C'était grâce aux « Yuhoo » poussés par les chasseurs que Queue-Tachetée estimait le nombre des bêtes abattues. Mes cris réitérés risquaient de fausser son jugement et de le pousser à interrompre la chasse trop tôt. Je me promis de mieux me contrôler et me lançai à nouveau à la poursuite du troupeau.

Un grand mâle m'entraîna en tête de la harde. Os-Éclaté et Chaud-Brouillard, qui nous avaient rejoints, y déployaient des efforts pour infléchir la course des animaux. La ruse consistait à leur faire adopter un mouvement tournant, afin que les premiers rejoignent les derniers et que l'ensemble ne forme plus qu'un vaste cercle tourbillonnaire.

Ce fut fait !

Les bisons galopaient maintenant autour d'un point central, nous n'avions plus qu'à les tirer au passage et à crier : « Yuhoo ! »

Mais le poney d'Os-Éclaté se prit le pied dans une fondrière. Il s'écroula, précipitant son cavalier à terre. Profitant de l'espace libre laissé par le chasseur, une vingtaine d'animaux se ruèrent dans la trouée, chargeant en direction d'Os-Éclaté...

Devançant les bêtes rageuses, je lançai ma monture et criai au malchanceux :

— Vite ! Monte en croupe !

Il bondit derrière moi. Mon poney accusa la charge et partit au galop. Le cheval d'Os-Éclaté fut éventré par les sabots.

Lorsque nous fûmes hors d'atteinte, le chasseur posa pied à terre et m'annonça d'une voix grave :

— Je te dois une vie, Petit-Croc, et je te la rendrai.

J'eus l'impression de recevoir le ciel sur la tête. Car je savais ce que comportait cette promesse. Os-Éclaté allait désormais veiller sur moi, comme un père, jusqu'au paiement de sa dette. Or, un père, j'en avais déjà un, et c'était largement suffisant !

Os-Éclaté n'ajouta pas un mot. Il partit à pied en direction des collines, où il savait trouver les jeunes braves qui lui procureraient une nouvelle monture. Je le laissai aller et galopai vers la harde.

Le troupeau tournait toujours sur lui-même, exécutant une large boucle, soulevant un épais nuage de poussière brune. Les hommes, caracolant dans le sens du tourbillon mugissant, ajustaient leur tir. Des coups de feu claquaient. Des flèches zézayaient. Des animaux tombaient. Des « Yuhoo ! » fusaient, dominant le vacarme.

Je repérai Cheval-d'un-Autre et décidai de chasser en sa compagnie. J'arrivais près de lui quand un bison attira mon attention. Il faisait partie des bêtes échappées et revenait se joindre au gros des ruminants. Il était énorme et semblait vouloir prendre mon père pour cible. Occupé par la harde, Cheval-d'un-Autre ne le vit pas arriver sur lui. Mais son poney détecta le danger. Il se cabra d'épouvante et fléchit sur ses postérieurs. Mon père dégringola, laissant échapper son arc. Cependant, il avait eu le temps d'apercevoir l'animal en furie, il boula et s'aplatit dans l'herbe... les sabots du bison frôlèrent sa tête.

Je hurlai :

— Ne bouge pas encore, Cheval-d'un-Autre !

À bout de course, le monstre frustré fit un tour sur lui-même et, haletant, sembla mesurer la cause de son échec. Puis, apercevant la tache insolite que faisait mon père, il gratta du pied, pointa ses cornes et le reprit pour cible.

Cheval-d'un-Autre, qui ne m'avait pas entendu, se relevait. Mon poney ne fit qu'un bond jusqu'à lui et, une fois de plus, je criai :

— Vite ! Monte en croupe !

Prenant conscience de cette deuxième charge, mon père sauta et retomba derrière

mon dos. Ma monture détala aussitôt, nous sauvant des cornes meurtrières du fauve.

Un peu plus loin, nous pûmes souffler. Cheval-d'un-Autre se laissa couler à terre et me considéra longuement. Je crus qu'il allait me remercier. Mais, au lieu de cela, il me demanda sèchement :

— Combien en as-tu tués ?

— Un, répondis-je, interloqué par ce manque de reconnaissance.

Une mimique de commisération m'apprit ce qu'il pensait de ce piètre résultat. Je m'insurgeai :

— Comment voulais-tu que je fasse mieux ? J'ai passé tout mon temps à sauver les chasseurs !

— Voilà encore que tu exagères ! s'écria mon père.

À ce moment, le sifflet de Queue-Tachetée émit un son puissant. La chasse était terminée. Je haussai les épaules et renonçai à me disculper.

Les hommes relâchèrent leur étreinte et allèrent se grouper sur un promontoire. Libérés, les bisons se débandèrent, ne laissant sur le terrain que des corps inertes.

Le poney de mon père s'était incorporé aux ruminants et galopait de concert avec eux. Son instinct le ramènerait peut-être un jour prochain à notre village. Ou bien, appréciant sa nouvelle liberté, continuerait-il à vivre parmi les bisons.

Cheval-d'un-Autre récupéra son arc et m'invita à rejoindre les chasseurs. Sur la hauteur, mon père contempla un long moment le troupeau qui s'enfuyait, emportant sa monture préférée. Comme la tristesse lui faisait oublier ses succès à la chasse, j'attirai son regard vers le lieu que nous venions de déserter.

Les femmes se répandaient dans la plaine en poussant des trémolos de joie. Les jeunes braves galopaient en tous sens, s'extasiant à haute voix, appréciant les prises.

Armés de leur couteau, les uns et les autres écorchèrent, dépecèrent les animaux. Les jeunes arrimèrent les quartiers de viande sur le dos des poneys. Les peaux servirent à emballer les foies dont nous étions tous friands.

C'est alors que des « Hoka-Hey ! » éclatèrent derrière nous. Surgissant des collines, des enfants montant de petits chevaux dévalèrent les pentes. Ils eurent tôt fait de rejoindre les femmes et, furetant de-ci de-là, ils réussirent à chaparder des morceaux de foie cru qu'ils engloutirent avec gourmandise.

Les femmes les repoussèrent sans conviction, les houspillèrent pour la forme. Ce soleil voyait une chasse fructueuse et c'était une façon de laisser les enfants participer à l'enthousiasme général.

Dans notre groupe, chacun commentait ses victoires. Rouges du sang des bisons, ou blessés dans leur propre chair, les chasseurs avaient beaucoup à dire sur la lutte qu'ils venaient de livrer... Une seule ombre venait ternir ce grand soleil. Lune-Noire nous apprit la mort de Rayon-du-Soir. Sa mère ne retrouva pas son cadavre. Piétiné par des milliers de sabots, son corps s'était dilué dans la terre.

Les travois et les chevaux de bât chargés, nous prîmes le chemin du retour. Mon père avait trouvé un cheval en remplacement du sien et chevauchait à ma droite. Son regard s'attarda sur ma jambe tachée de sang. Il hésita et finit par me dire :

— Je vois que tu as combattu au contact.

— Oui, répondis-je sans montrer ma fierté. C'était une très grosse femelle.

— C'est bien, ajouta-t-il laconiquement.

Ce compliment qui ne voulait pas en être un me fit plaisir et j'adressai un sourire furtif à mon père.

Os-Éclaté vint se placer à ma gauche, copia son allure sur la mienne et riva ses yeux sur moi.

Je cachai ma gêne et fis celui qui ne le remarquait pas. Mon père le regarda et m'interrogea silencieusement. Je fis semblant de m'intéresser aux oreilles de mon poney et il n'insista pas.

Mais, quand nous parvînmes en terrain accidenté, Os-Éclaté poussa sa monture en avant, se faufila entre les éboulis afin de m'indiquer les meilleurs passages, contourna une souche cachée dans les broussailles, me la montra de la main pour que je puisse l'éviter... Plus loin, ce fut autre chose encore...

À la longue, Cheval-d'un-Autre remarqua son manège. Inquiet, il se pencha vers moi et me glissa à l'oreille :

— Que te veut-il ?

— Rien ! fis-je, agacé. Il veille sur moi.

Mon père ouvrit de grands yeux ronds.

— Mais pourquoi ?

— Il me doit une vie, avouai-je entre mes dents.

Cheval-d'un-Autre hocha la tête, me détailla comme s'il me voyait pour la première fois et, posant sa main devant sa bouche, me dit en confidence :

— S'il ne veut pas que tu meures, demande-lui donc de faire la cuisine à ta place.

Puis il partit d'un rire tonitruant.

Notre retour au village provoqua la hargne des chiens. Nous dûmes les museler pour qu'ils ne dévorent pas toute la viande. Les chefs des O-gla-la et des Hunk-pa-pa firent le partage et chacun reçut sa part. La mère de Rayon-du-Soir, qui avait déjà coupé ses nattes en signe de deuil, eut une ration double.

Puis les jeunes braves allèrent chercher des branches fourchues, dressèrent des séchoirs. Les femmes débitèrent la viande en fines lanières qu'elles posèrent dessus. Les hommes broyèrent les os afin d'en extraire la moelle. Chacun s'échina et le soir vint comme une récompense.

Cheval-d'un-Autre, le ventre plein à éclater, s'endormit sitôt son repas terminé. Dominant l'exaltation qui était encore en moi, je décidai d'en faire autant. Je me glissais sous ma peau d'ours quand un bruit bizarre me parvint à travers le cuir de la tente... Un chien était-il en train de manger les trois langues de bison que j'avais pendues à l'extérieur ? Je sortis...

Os-Éclaté avait démonté son tepee et venait l'installer près du mien !

CHAPITRE V

Un peu de temps s'écoula, sans apporter de grands changements. Nous étions maintenant à l'époque de la Lune-de-l'Engraissement-des-Veaux [1] et l'air devenait plus doux.

Après la chasse du début de la Belle-Saison, Touche-aux-Nuages nous avait menés vers le nord-ouest. Nous avions établi notre camp sur une berge de la Rivière-Pierre-Jaune [2], aux abords des Montagnes-du-Petit-Mouflon [3]. Les Hunk-pa-pa avaient suivi notre piste un certain temps. Puis, après avoir déclaré qu'il préférait se rendre aux Montagnes-Sacrées, Taureau-Assis était parti en direction de l'ouest avec toute sa tribu.

1. Fin mai.
2. Le Yellowstone (État du Montana).
3. Little Big Horn Mountains.

Son fils Pied-de-Corbeau était resté parmi nous. Il partageait le tepee d'une jeune veuve O-gla-la et je ne le voyais plus que très rarement. Il avait abattu trois mâles de dix neiges lors de la dernière chasse, et sans doute passait-il tout son temps à lui conter ses hauts faits.

Os-Éclaté, de son côté, continuait à suivre chacun de mes mouvements. Il guettait l'instant propice où il pourrait enfin me sauver la vie. Os-Éclaté était bien trop fier pour devoir quelque chose à quelqu'un, il n'aurait de cesse de me régler sa dette.

À part cela, la routine de la vie avait repris possession des O-gla-la. Nous avions des réserves de viande séchée et passions de longs soleils à méditer. Les soirées autour du feu, réservées à la rêverie, nous incitaient à songer à notre sort. Beaucoup se rappelaient les paroles de Nuage-Rouge et sentaient la Grande-Peur revenir en eux. La hantise des Faces-Pâles habitait à nouveau les O-gla-la et personne ne pouvait plus la refouler. Pas même notre sorcier !

Âme-Teinte avait bien terminé sa médecine destinée à l'éloigner de nos esprits, mais le résultat n'était pas concluant. Le remède magique consistait en une pâte épaisse avec laquelle le sorcier nous avait recommandé de nous frictionner la poitrine. Comme les autres, je l'avais

essayé et avais dû y renoncer. Son odeur écœurante empêchait Cheval-d'un-Autre de dormir et mon poney s'enfuyait à mon approche.

Et nous en étions là. Pour ne pas le vexer, personne n'osait dire à Âme-Teinte que sa médecine ne valait rien, et nous restions dans la crainte de l'avenir. À part Os-Éclaté, bien sûr, qui ne s'intéressait qu'au mien.

Et puis, un matin, pour ne rien arranger, mon père se leva avec un air bizarre. Il semblait absent, comme vidé de toute substance. Jamais je ne lui avais vu des yeux aussi dénués d'expression. Alarmé, je m'enquis :

— As-tu dormi la bouche ouverte ?

Ses pupilles égarées se tournèrent vers moi sans me voir, ses mains tremblèrent et il répondit d'une voix blanche :

— Non... je ne crois pas. Pourquoi ?

Soulagé, je poussai un soupir.

— J'ai cru un instant que ton âme s'était envolée.

Cheval-d'un-Autre enregistra mes paroles en dodelinant de la tête, il fureta dans le tepee à la recherche de ses mocassins, enfila sa chemise de cérémonie à l'envers et, prenant un morceau de bois charbonneux dans le foyer, barra son front de deux traits noirs.

Ces traits signifiaient que mon père s'apprêtait à rejoindre le Pays-des-Ombres [1]. De moins en moins rassuré, je le pressai :

— Suis mon conseil, Cheval-d'un-Autre. Va consulter le sorcier.

Mais il secoua négativement la tête et vint s'asseoir sur ma peau d'ours.

— Bien que je n'appartienne déjà plus au monde des mortels, je ne suis pas malade, Petit-Croc, me dit-il avec douceur. Cette nuit, j'ai eu un songe. Wa-kan-da [2] m'est apparu et m'a fait part de mon nouveau destin...

1. Le royaume des morts.
2. Le Grand-Esprit, dieu suprême des Sioux.

— Comment cela ? murmurai-je, encore un peu sceptique.

— C'était un grand et bel oiseau, un aigle, Petit-Croc. De ses ailes blanc et noir s'échappaient des rayons de lune. Ses yeux brillaient comme le feu du soleil. Il s'est perché sur mon épaule et j'ai ressenti une grande chaleur quand il m'a parlé.

J'avalai ma salive.

— Et que t'a-t-il dit ?

Mon père ferma ses paupières comme il en avait l'habitude lorsqu'il voulait se concentrer et poursuivit :

— Il a déclaré qu'il ne voulait plus que je reste un O-gla-la ordinaire, qu'il fondait de grands espoirs sur moi...

Cheval-d'un-Autre rouvrit les yeux et ajouta sur un ton convaincu :

— Je pense que le choix du Grand-Esprit n'est pas mauvais. Un homme pourvu de mes qualités n'est pas fait pour une vie commune.

Je repris mes sens et remarquai :

— Est-ce toi qui parles ainsi ? toi qui me prêches constamment l'humilité.

Cette réflexion choqua Cheval-d'un-Autre, je le vis nettement, mais il ajouta sans se mettre en colère :

— Je ne fais que suivre le chemin tracé pour moi par le Grand-Esprit... Maintenant, je dois te quitter, Petit-Croc, afin de me rendre dans la montagne. J'y jeûnerai durant trois soleils, dans le plus parfait isolement. C'est à cet endroit que Wa-kan-da fera de moi un autre homme.

Émerveillé par ces belles paroles, j'interrogeai encore :

— Et que seras-tu donc à ton retour ?

— Immortel ! lança-t-il en se redressant tout à coup.

Le mot me frappa de plein fouet et m'assomma.

Quand je revins à moi, Cheval-d'un-Autre était parti. Je ne voulais pas aller à l'encontre des décisions du Grand-Esprit, néanmoins je me demandais ce que j'allais bien pouvoir faire d'un père immortel. À ce qu'on affirmait, Cheval-Fou bénéficiait de cette qualité magique. Or, il n'y avait pas d'homme plus renfermé et solitaire que lui. En tant qu'O-gla-la ordinaire, Cheval-d'un-Autre ne parlait déjà pas beaucoup ; qu'allait-il advenir de nos rapports s'il me revenait nanti de cette extraordinaire particularité ?

Mon regard parcourut les objets usuels éparpillés dans le tepee et s'attarda sur le foyer éteint... Notre tente me parut tout à coup triste et vide...

Je sortis. Os-Éclaté se tenait devant l'entrée, naturellement !

— As-tu vu Cheval-d'un-Autre ? lui demandai-je.

— Oui, répondit-il. Il a enfourché son poney et a pris la direction des montagnes. C'est étrange... il m'a semblé...

Je m'énervai :

— Qu'as-tu vu d'aussi étrange ?

Os-Éclaté passa sa main sur son front ; il paraissait réellement étonné.

— Il m'a semblé qu'il avait mis sa chemise à l'envers et que les sabots de son cheval ne touchaient pas le sol.

Je frissonnai. Il ne m'importait pas de révéler le songe de mon père. En conséquence, je cachai mon trouble et annonçai avec un geste désinvolte :

— C'est le soleil, Os-Éclaté ! C'est le soleil qui te fait voir ce qui n'est pas.

— Peut-être as-tu raison, admit le chasseur.

Étant donné qu'il paraissait en excellente condition, je hasardai :

— Tu sais, Os-Éclaté, sans vouloir atteindre ton amour-propre, je suis persuadé que tu pourrais régler ta dette autrement qu'en t'acharnant à préserver ma vie. Je suis de forte constitution et j'ai bon espoir de ne pas mourir avant cent neiges. Tu ne vas quand même pas vivre dans mon ombre pendant tout ce temps-là ? Si tu me donnais deux beaux poneys, j'estimerais que nous sommes quittes.

C'était mal connaître Os-Éclaté. Il me dit fermement :

— Non ! Seule une vie vaut une vie !

Bon, puisqu'il le prenait ainsi, je devais me rendre à l'évidence. J'ajoutai finement :

— Et si je n'encours aucun danger durant cent neiges, comment t'acquitteras-tu ? Pour que tu puisses sauver ma vie il faut que je sois sur le point de la perdre, non ?

Le rusé personnage m'adressa un clin d'œil :

— Je n'aurai pas à attendre cent neiges, Petit-Croc. Tu oublies la Grande-Peur ! Il est dit que bientôt les Tuniques-Bleues vont attaquer le Peuple-Couleuvre. Tu es jeune, courageux et fougueux ; ne te joindras-tu pas à nos guerriers lorsque les femmes feront entendre les trémolos ?

Les bras me tombèrent le long du corps. Ainsi, Os-Éclaté me surveillait dans l'attente d'un dénouement inexorable... Et cette idée en fit naître une autre. J'éclatai de rire au nez du chasseur.

Stupéfait, il s'enquit :

— Quelle est la raison de cette gaieté, Petit-Croc ? Aurais-tu l'intention de rester sous ton tepee quand... ?

— N'aie crainte ! coupai-je. Je combattrai avec les Braves le moment venu. Mais, en attendant, tu as beaucoup de chance. Vois-tu que le Grand-Esprit me soit apparu en songe et ait décidé de me transformer en un être immortel ?

Os-Éclaté ne comprit pas le sens de mes paroles. Et pour cause... Je le plantai là et me dirigeai vers la tente de Cheval-Fou. Je n'avais plus peur de rien. Je n'avais plus peur de Cheval-Fou. Et, avant que le soleil atteigne son zénith et que mon père redescende des montagnes, je voulais voir de près à quoi ressemblait un homme immortel. Je voulais lui parler et le toucher.

Je n'eus pas le temps de gagner son tepee. Un cavalier fit irruption dans le camp en hurlant :

— J'apporte la nouvelle ! Un grand malheur est arrivé !

Il arrêta son cheval couvert d'écume devant moi, me le confia d'autorité et s'engouffra sous la tente de Touche-aux-Nuages. Ce messager n'était autre qu'une Face-Sinistre, un guerrier du clan de Nuage-Rouge.

Je tendis la bride à un jeune brave et lui demandai de s'occuper de l'animal. Il monta dessus, m'adressa un sourire complice et le mena à l'enclos où se trouvait déjà le cheval noir de mon père. L'idée n'était pas mauvaise : la monture d'un Traîne-autour-des-forts ferait certainement bon ménage avec celle d'une Tunique-Bleue.

Les O-gla-la avaient entendu l'appel du messager. Ils se rassemblaient, inquiets et indécis. Quelques hommes s'étaient emparés de leurs armes, mais beaucoup demeuraient les bras ballants, dans l'attente d'un complément d'information. Les femmes, figées, serraient leurs enfants contre elles... Le silence s'alourdissait d'une muette interrogation...

Et les chiens se mirent à aboyer tous ensemble, le poil hérissé, le museau allongé, les crocs tendus, prêts à mordre. Le vacarme éclata comme une délivrance. La meute détala. Les yeux se tournèrent vers l'apparition qu'elle venait de détecter...

Là-bas, au gué de la Rivière-Pierre-Jaune, une centaine d'hommes arrivaient. Les gerbes d'eau soulevées par les sabots de leurs poneys nous disaient leur précipitation.

— Ce sont les Hunk-pa-pa ! cria le Balafré.

— Oui, c'est Taureau-Assis ! Nuage-Rouge l'accompagne ! clama Aigle-Tacheté.

Les O-gla-la se détendirent, sans pour cela afficher trop d'optimisme. La Face-Sinistre avait fait allusion à un « grand malheur », et ces deux mots attisaient un sentiment d'incertitude. D'autant plus que maintenant les femmes, les enfants et les vieillards Hunk-pa-pa traversaient le gué à leur tour. Nous savions que Taureau-Assis avait émis le vœu de passer la Belle-Saison aux Montagnes-Sacrées. Et, pour que la tribu au grand complet ait déserté ce lieu idyllique, il fallait qu'un événement important l'ait persuadée d'en partir.

Touche-aux-Nuages sortit de son tepee et salua brièvement Taureau-Assis et Nuage-Rouge. Les trois hommes échangèrent quelques paroles à voix basse. Puis, à la suite de ce court entretien, notre chef ordonna d'organiser un pow-wow sur-le-champ.

Touche-aux-Nuages n'avait pas invité les visiteurs à se restaurer. Cette entorse aux règles de l'hospitalité nous faisait comprendre que des choses urgentes allaient se dire.

Les jeunes braves allèrent chercher du bois. Les femmes dressèrent le bûcher. Nous formâmes tous le cercle et Vache-Blanche-qui-Voit embrasa les branches. Une bonne odeur de sève de pin se répandit dans l'air. Des hommes allumèrent leur pipe, et quelques femmes aussi.

Nuage-Rouge montrait un visage énigmatique, sur lequel aucun sentiment ne transpirait. En revanche, la nervosité des mains de Taureau-Assis contrastait avec son calme apparent. Touche-aux-Nuages était songeur et semblait réfléchir intensément. Le tic qui agitait la joue gauche de Cheval-Fou montrait que le guerrier était sur des charbons ardents. Quant à Âme-Teinte, yeux baissés, il se contentait de psalmodier une incantation... Je regrettais intérieurement l'absence de Cheval-d'un-Autre. Son assurance tranquille m'aurait été salutaire en un pareil moment : je me sentais nerveux comme un renard à l'approche de l'orage.

Chassant finalement la tristesse contenue dans son regard, Taureau-Assis se leva, se campa à l'intérieur du cercle et annonça d'une voix forte :

— Les Hunk-pa-pa sont venus trouver refuge auprès de leurs frères O-gla-la ! Les Montagnes-Sacrées n'appartiennent plus au Peuple-Couleuvre. Les Faces-Pâles les pro-

fanent, ils y fouillent la terre et les rivières à la recherche du métal jaune [1].

La consternation fut générale et un murmure ressemblant à une longue plainte plana sur l'assistance... En une contraction convulsive, Queue-Tachetée brisa le tuyau de sa pipe entre ses dents.

À la Belle-Saison qui avait précédé la dernière neige, Queue-Tachetée, accompagné de Cheval-Fou et de Nuage-Rouge, s'était rendu à un pow-wow organisé par les Faces-Pâles. Ceux-ci avaient déclaré que Celui-qui-ne-va-pas-à-la-guerre-avec-ses-hommes voulait acheter les Montagnes-Sacrées au Peuple-Couleuvre. Mais les trois O-gla-la avaient refusé tout net, prétextant le caractère vénéré de ce haut lieu. Cheval-Fou avait expliqué que le Grand-Esprit veillait sur ces montagnes où les O-gla-la enfouissaient les ossements de leurs guerriers morts. Nuage-Rouge avait même précisé à Trois-Étoiles [2] que nous appelions cet endroit le Pays-des-Ombres et que nul étranger ne devait y poser le pied.

Alors, parlant au nom de Celui-qui-ne-va-pas-à-la-guerre-avec-ses-hommes, Trois-Étoiles

1. L'or.
2. Le général Crook.

avait affirmé que les Tuniques-Bleues respecteraient les Montagnes-Sacrées et feraient en sorte que personne ne les déshonore.

Et voilà qu'aujourd'hui, en dépit de la parole donnée, les chercheurs de métal jaune déterraient les os des Guerriers-Muets[1] !

Taureau-Assis attendit que le silence revienne et poursuivit :

— Les Faces-Pâles ne respectent rien ! Non content d'avoir fouillé les entrailles des Montagnes-Étincelantes[2] sur les terres de Ceux-qui-nous-Obligent-à-Baisser-la-Tête, voici qu'ils saccagent le sol de nos ancêtres... Et que peuvent-ils fabriquer avec ce métal qui n'est même pas bon à faire des couteaux ?...

Songeur, le sorcier des Hunk-pa-pa fit une pause, le temps qu'une libellule se brûle les ailes aux flammes du feu, et poursuivit :

— Ils sont des centaines à fouler le Pays-des-Ombres. Je les ai vus. Ils sont partout. Si bien qu'il ne reste plus de place pour nous ! À vous, O-gla-la, je le demande, que devons-nous faire ? Mon cœur se serre et mes yeux se remplissent de larmes. Wa-kan-da aurait-il aban-

1. Les guerriers morts au combat.

2. Les montagnes Rocheuses du Colorado. Allusion à la ruée vers l'or de 1859.

donné ses enfants ? Les Faces-Pâles pillent sans vergogne nos biens les plus chers, bafouent nos traditions. Allons-nous supporter le déshonneur sans réagir ?

Les trémolos des femmes couvrirent les sanglots contenus dans ces dernières paroles. Les hommes des clans guerriers scandèrent :

— Stack ! Stack ! Stack [1] !...

Nuage-Rouge vint se poster à côté de Taureau-Assis et leva les bras pour réclamer le silence.

— Qu'il parle, lui qui connaît si bien les Faces-Pâles ! cria Plume-d'Aigle-Abondante.

Nuage-Rouge ignora l'injure de la femme et lança comme un défi :

— La puissance invincible des Tuniques-Bleues s'étend sur tout le pays. Transigeons s'il en est encore temps !

Cheval-Fou se dressa brusquement.

— Tu étais encore un O-gla-la lorsque tu opposais ton refus de vendre les Montagnes-Sacrées à Trois-Étoiles, et aujourd'hui tu parles de transiger. Ton esprit suit-il les méandres des caprices du vent et ta langue irait-elle dans tous les sens ?

1. Littéralement : carnage, destruction.

Les doigts de Nuage-Rouge se crispèrent sur le tuyau de sa pipe, mais il se contrôla et répondit calmement :

— Mon esprit va droit devant moi et ma langue traduit la réalité. Si nous résistons, les Tuniques-Bleues nous massacreront sans pitié. Les choses ont changé depuis notre rencontre avec Trois-Étoiles. J'ai appris à Fort Laramie que ce chef réunissait une grande armée destinée à nous chasser de nos terres.

— Nous détruirons cette armée ! hurla Cheval-Fou.

Un peu de rêve passa dans les prunelles de Nuage-Rouge. Il ajouta sans hausser le ton :

— Trois-Étoiles aura beaucoup de fusils-chariots [1] avec lui. Qu'aurons-nous à leur opposer quand ils cracheront le feu ? Peut-on retenir la charge du bison avec la seule force de son bras ? Parlons une fois de plus avec les Faces-Pâles et retardons l'échéance de notre destruction...

— En leur proposant d'échanger les Montagnes-Sacrées contre des images vertes [2], par exemple ! s'écria ironiquement Touche-aux-Nuages.

1. Les canons.
2. Les dollars papier.

— J'ai tout dit ! fit Nuage-Rouge pour mettre fin aux sarcasmes qu'il suscitait.

Puis, dans l'intention de montrer qu'il ne prononcerait plus un mot, il sortit son couteau, se coupa une mèche de cheveux et la jeta dans le feu.

Comme Nuage-Rouge regagnait sa place, Touche-aux-Nuages s'avança et reprit l'idée qu'il venait d'émettre :

— Que ferions-nous d'un gros tas d'images vertes ? Il paraît qu'avec elles les Hommes-Blancs obtiennent tout ce qu'ils convoitent. Ils appellent cela « acheter ». Mais à quoi nous serviraient-elles puisque nous n'avons pas les mêmes désirs ? Avons-nous besoin d'acheter le souffle du vent ? la ride qui danse à la surface de l'eau ? la légèreté de l'oiseau ? le parfum des fleurs ou l'amour d'un être aimé ? Un O-gla-la peut-il acheter ce qu'il ne peut recueillir dans la paume de sa main ?...

Les épaules de Touche-aux-Nuages se voûtèrent imperceptiblement. Et, se redressant, il dit d'une voix assurée :

— Je sais ce que je ferai quand Trois-Étoiles viendra avec ses fusils-chariots. Je revêtirai ma parure de guerre et j'irai au-devant de lui. Je préfère la mort au déshonneur, même si mes os ne doivent jamais reposer dans les Montagnes-Sacrées.

Un seul cri d'approbation fusa de toutes les gorges. Les « Stack ! » se confondirent avec les trémolos.

Le cercle se rompit avant que cesse le tumulte. Des groupes se formèrent, des discussions animées naquirent.

Je savais que ces conversations allaient durer tard dans la nuit. Je me dirigeai vers mon tepee, j'avais besoin de mettre de l'ordre dans mes idées... Qui détenait la vérité, Nuage-Rouge ou Touche-aux-Nuages ?

Une main se posa sur mon épaule. Je tournai la tête. Os-Éclaté rayonnait de joie.

— N'avais-je pas raison, Petit-Croc ? Je n'aurai pas à patienter cent neiges pour te régler ma dette.

J'esquissai un mouvement affirmatif... Cette quasi-certitude n'était guère rassurante.

J'entrai sous le tepee et regardai la couche vide de Cheval-d'un-Autre. Un creux dans la fourrure gardait la forme de son corps... Mon père comprendrait-il mon état d'âme à son retour de la montagne ? Un être immortel pouvait-il partager les appréhensions d'un vulgaire O-gla-la ?

Ce soir-là, seul dans ma peau d'ours, je découvris que la Grande-Peur n'avait été jusqu'ici qu'un épouvantail brandi devant mes yeux, que j'avais pu écarter d'un geste toutes les fois que je l'avais voulu.

Or, maintenant, elle était incrustée en moi tout entière, pas seulement dans mon ventre mais aussi dans mon sang, dans mon esprit. Partout !

Et je passai la nuit à éloigner une multitude de Mauvais-Génies de mes rêves.

CHAPITRE VI

Mon père revint un beau matin, après quatre longs soleils d'absence. Tant de choses étaient changées en lui que j'eus du mal à le reconnaître. Il n'avait plus son air grognon ; au contraire, un sourire avenant détendait ses lèvres et sa physionomie dispensait la joie. Enfin, il paraissait tout illuminé de l'intérieur.

Ses premiers mots furent : « J'ai faim », mais il les prononça sur un ton aimable. Je venais justement de préparer un ragoût de ma composition. Je lui en servis une écuelle, il l'avala sans se plaindre ni faire de grimaces.

Je n'étais pas, assurément, habitué à cela !

Après avoir fumé une pipe, Cheval-d'un-Autre me parla des montagnes d'où il venait, d'un ours qu'il avait surpris dans sa caverne et de la beauté du site.

Ce n'était pas ce que j'attendais. Je dis :

— Alors, ça y est ?

— Quoi donc ? demanda-t-il ingénument.

— Alors, ça y est, tu es immortel ?

— C'est un fait certain ! assura Cheval-d'un-Autre. Je ne puis te révéler les détails de cette transformation, le Grand-Esprit tient à ce que je garde la chose secrète, mais sache qu'en plus de l'immortalité j'ai acquis le don de voler.

Je sursautai malgré moi.

— Comment ça, voler ?

— Comme un oiseau, précisa mon père.

Je tournai autour de lui, l'inspectai des pieds à la tête et ne pus réprimer un début d'hilarité.

— Et tu peux voler sans ailes, sans plumes ?

Cheval-d'un-Autre évinça la question d'un geste et dit avec logique :

— Le serpent se déplace bien sans jambes !

Puis il prit une mine contrite pour m'expliquer :

— Tu sais, Petit-Croc, ma nouvelle condition m'empêche de me livrer à certaines tâches. Je te laisserai donc dorénavant couper le bois, faire le ménage et la cuisine...

— Va pour le bois ! m'exclamai-je. Mais as-tu seulement touché un navet depuis que je suis en âge de confectionner les repas ? Quant au ménage, n'en parlons pas ! Tu t'es jusqu'ici borné à secouer ta peau de bison les rares fois où nous avons changé de camp.

Mon père éluda ma réflexion et compléta son idée :

— Je suis maintenant voué à la guerre. À rien d'autre.

— Est-ce que cela signifie qu'il me faudra aussi chasser pour deux ?

— J'en ai bien peur, confirma Cheval-d'un-Autre. De toute façon, je ne mange plus beaucoup. Mon nouvel état me dispense en grande partie de ce besoin naturel. Je suis plus une âme qu'un corps, comprends-tu, Petit-Croc ?

Je n'y comprenais plus rien, si ce n'est qu'il me faudrait à l'avenir assumer nos deux existences. Mon père était devenu fou et j'en prenais seulement conscience. Était-il victime de la Grande-Peur ? L'avait-il ressentie plus fortement que les autres sans en souffler mot à personne ?... À quoi aurait servi que je lui conte les événements survenus en son absence ? Je le laissai à ses doux rêves et décidai d'aller consulter le sorcier.

Âme-Teinte était dans son tepee. Je grattai à la peau, sur le côté de l'entrée. Le sorcier me pria de ne pas piétiner les pots éparpillés sur le sol et me fit asseoir à sa gauche, la place des visiteurs de choix. Flatté par tant de sollicitude, je le remerciai et lui communiquai mes craintes sans préambule :

— Âme-Teinte, je crois que Cheval-d'un-Autre a perdu la raison. À la suite d'un songe, il s'est rendu dans la montagne afin d'y converser avec le Grand-Esprit. Il en revient en déclarant qu'il est immortel. Cela n'a rien d'extraordinaire puisqu'il paraît que Cheval-Fou l'est aussi. Mais Cheval-d'un-Autre affirme de plus qu'il peut voler.

Le regard intéressé du sorcier filtra entre ses paupières.

— Voler comme un oiseau ?

— À ce qu'il prétend.

Perplexe, Âme-Teinte se gratta le dessus du crâne.

— Et a-t-il volé devant toi ?

— Non, dis-je. Et je ne tiens pas à le provoquer ; je le crois capable de se jeter du haut d'un rocher pour m'en faire la démonstration.

Le sorcier opina et ses yeux pétillèrent de malice. Il me tendit son doigt et me demanda de le serrer dans ma main.

— As-tu déjà touché l'amour que tu portes à ton père comme tu touches mon doigt ?

— Non, bien sûr ! Cela est impossible, répondis-je, croyant à une farce.

— Et pourtant cet amour existe réellement, conclut Âme-Teinte avec sérieux.

Il reprit son doigt et me l'agita sous le nez :

— Refuser d'admettre l'impalpable se nomme « incrédulité ». Méfie-toi, Petit-Croc, de l'incrédulité, elle prive les hommes du rêve dont ils ont tant besoin. Les Faces-Pâles sont incrédules, c'est pour cela qu'ils attachent plus d'importance au métal jaune qu'à nos traditions. Et si le Grand-Esprit veut donner des pouvoirs extraordinaires à certains d'entre nous, il n'est guère prudent pour toi d'en douter.

Ces paroles étranges me plongèrent dans une grande incertitude.

— Alors, Âme-Teinte, il se pourrait donc que Cheval-d'un-Autre ne soit pas fou et qu'il puisse voler ?

— Qui sait ? répondit le sorcier. Je te conseille la patience, peut-être pourras-tu prochainement le vérifier.

Plus embarrassé qu'à mon arrivée, je restai sans voix. Âme-Teinte respecta mon recueillement. Puis il me poussa sans brusquerie hors de sa tente.

— Laisse-moi maintenant, Petit-Croc, me dit-il gentiment. Je dois améliorer ma médecine, tu sais, celle qui sent si mauvais.

Je partis, sans remarquer Os-Éclaté, attaché à mes pas. Un tourbillon de questions virevoltait dans ma tête... Cheval-d'un-Autre était-il fou ou était-ce moi qui perdais l'esprit ? Étais-je en train de mettre en doute les possibilités de Wa-kan-da ? Bouleversé au plus profond de moi-même, je ne pouvais démêler l'écheveau de pensées qui obscurcissait ma raison...

Mon père n'avait pas bougé, il était sur le point de terminer la marmite de ragoût. Au moins rassuré sur ce qu'il appelait ses « besoins naturels », je lui déclarai, subitement détendu :

— Tu fais plaisir à voir. Je craignais que tu ne sois devenu une sorte de fantôme.

Arborant un air coupable, Cheval-d'un-Autre s'essuya la bouche sur sa manche et releva les yeux.

— C'est que... j'ai jeûné pendant quatre soleils dans la montagne...

Je poussai vers lui un plein panier de baies séchées.

— Mange à ta faim ! m'exclamai-je. J'aime te voir dévorer comme le plus commun des mortels.

Il mangea, et je le regardai avec plaisir. Quel besoin, après tout, avais-je de m'inquiéter ? Que Cheval-d'un-Autre puisse voler ou qu'il soit fou ne changeait rien à l'affaire. Il était mon père et c'est ce qui importait !

À quelque temps de là, au début de la Lune-des-Cerises-Rouges[1], nous reçûmes la visite de Couteau-Émoussé et Ours-Polaire. Ces deux chefs appartenaient au peuple des Êtres-Humains, avec lequel nous étions amis.

Le soir, alors que nous nous installions autour du feu pour un petit pow-wow, Cheval-d'un-Autre vint s'asseoir dans le cercle. Afin de nous montrer qu'il nous faisait présent de son

1. Milieu du mois de juin.

corps mais que son esprit était ailleurs, il se recouvrit entièrement de sa peau de bison et ne bougea plus. Mon père ne songeait maintenant qu'à la guerre, entendre parler de banalités ne l'intéressait pas, et seule sa curiosité le poussait à se joindre à nous.

Après avoir abordé des sujets légers pour se mettre en voix, Ours-Polaire nous apprit la mort de sa troisième épouse. Elle avait été tuée par une Tunique-Bleue, d'une balle dans la tête, alors qu'elle cueillait des baies pour le repas du soir.

— Les Faces-Pâles sont de vrais sauvages ! déclara Couteau-Émoussé. Ils ne font aucune différence entre les femmes et les guerriers.

Ours-Polaire pleura un moment, et nous pûmes ainsi partager sa tristesse.

Puis, séchant ses yeux avec ses poings, il nous dit :

— Les Tuniques-Bleues exercent sur nos villages une pression qui s'accentue davantage chaque saison. Nous avons dû quitter le Mont-de-la-Pointe-de-Flèche [1], un endroit pourtant giboyeux et où l'herbe est bonne pour les

1. Lieu-dit du Dakota du Sud, près de la Cheyenne River.

poneys. Nous passerons donc la Belle-Saison à la Rivière-de-Petit-Mouflon [1], plusieurs de nos Braves veulent y fixer le soleil.

À ces mots, la couverture de Cheval-d'un-Autre trembla et une sorte de rugissement s'en échappa.

Couteau-Émoussé ajouta :

— Nous avons pensé que les O-gla-la aimeraient nous montrer leur valeur en participant à cette cérémonie...

1. La Little Big Horn River, affluent du Yellowstone (État de Montana).

— J'irai ! tonna la voix de mon père sous la peau de bison.

Touche-aux-Nuages jeta les yeux sur la couverture et les reporta sur l'Être-Humain.

— Je crois en effet le moment venu de nous prouver que nous savons souffrir dans notre chair. De sanglants combats se profilent à l'horizon et il est important de nous endurcir...

Son regard fit le tour de l'assemblée afin d'y déceler une éventuelle désapprobation mais, comme personne ne désavouait ses paroles, il dit d'autorité :

— Les O-gla-la fixeront le soleil avec les Êtres-Humains !

J'entendis à peine les acclamations, ne songeant qu'à mon père. Émerveillé par sa vaillance, je formai des vœux pour qu'il atteigne le but qu'il venait de s'imposer. Cette prouesse était l'apanage des grands guerriers. Seuls les hommes les plus courageux pouvaient fixer le soleil avec succès. Cheval-Fou l'avait fait, Balafré, Queue-Tachetée et Touche-aux-Nuages aussi. Tous en portaient les cicatrices sur leur poitrine.

Nous regagnâmes nos tepees dans un concert de trémolos. Mon père brûla de l'écorce de saule rouge et se frotta le visage avec des feuilles de sauge. Je le laissai se purifier sans dire un mot. Je m'endormis avant qu'il ne se couche.

Le lendemain dès l'aube, nous levâmes le camp. Cheval-d'un-Autre alla se baigner pendant que je démontais le tepee. Nous partîmes en direction du sud. Les chasseurs formèrent plusieurs groupes et quittèrent la piste. Nous devions faire de la viande en prévision des prochaines festivités. Je me joignis aux hommes menés par Grand-Pied. Cheval-d'un-Autre resta avec les Chiens-Guerriers de Cheval-Fou qui assuraient la protection des femmes et des enfants.

Depuis son retour de la montagne, mon père considérait la chasse comme une activité infamante et rien ne l'aurait fait tirer sur un bison. Je crois bien que, s'il en avait aperçu un, il lui aurait tourné le dos avec dédain.

Nous n'eûmes heureusement pas à compter sur lui. Grand-Pied tua un cerf. J'en abattis un autre. Grande-Route foudroya un ours à l'aide de sa lance magique et Refuse-d'Aller captura une chèvre sauvage.

Cette quête retarda la marche de la tribu et nous n'arrivâmes à la Rivière-du-Petit-

Mouflon que le soleil suivant. Le site choisi par les Êtres-Humains ne me plut pas. Ces gens-là étaient loin d'avoir aussi bon goût que les O-gla-la. Il faisait trop chaud dans cette vallée et la rivière n'était qu'un maigre ruisseau. Sur les hauteurs des alentours, l'herbe en partie brûlée par le soleil clairsemait le sol de vilaines taches jaunes et nulle part je n'apercevais de peupliers des marais pour les poneys. Enfin, nous n'étions pas là pour le décor mais pour admirer le courage de nos Braves !

Les tepees des Êtres-Humains s'étendaient sur la rive est. Je reconnus, aux peintures qui les ornaient, les tentes du clan des Artères-Brûlées, celles des Cordes-de-Chevaux et les Visages-Couturés.

Nous dressâmes les nôtres à quelque distance, pas trop près de l'eau à cause des moustiques, pas trop loin pour pouvoir nous baigner aisément.

Couteau-Émoussé n'avait pas uniquement prévenu les O-gla-la. Le soleil suivant vit l'arrivée des Yan-Ta-nai, Sis-ton, Wah-pe-kute, Da-ko-ta et Minne-conju. La grande famille du Peuple-Couleuvre était réunie presque au complet. Jamais je n'avais vu autant de tepees en une seule fois !

Nuage-Rouge n'était pas avec nous. C'était d'ailleurs bien dommage, ce grand rassemblement l'aurait convaincu de notre force.

Quand tout le monde fut installé, il fallut penser à l'arbre. Les sorciers de plusieurs tribus se réunirent. En plus de Taureau-Assis et d'Âme-Teinte, il y avait Chasseur-de-Tourbillon, Rampant et Œil-de-Bouc. Ce dernier appartenait au peuple des Êtres-Humains et avait la réputation de faire tomber la pluie lorsqu'il le désirait.

Les saints hommes se dirigèrent vers un petit bois niché dans un coude de la rivière, en amont. Un groupe dont je faisais partie les accompagna. Ils y cherchèrent l'arbre approprié à nos besoins et le désignèrent en garnissant son pied d'une couronne de fleurs.

C'est alors qu'arrivèrent les jeunes filles. Chacune d'elles était une Mi-ti-li [1] et tenait une hache. Elles coupèrent l'arbre en chantant un air sacré qui les rendrait fécondes avant la prochaine neige. Lorsqu'il tomba, elles l'ébranchèrent. Puis les plus vaillants guerriers eurent le privilège de le porter jusqu'au lieu désigné pour la cérémonie. En récompense de cet hon-

1. Littéralement : Celle-qui-n'a-jamais-connu-un-homme.

neur, les guerriers devaient offrir des présents aux personnes indigentes de leur entourage.

Le sommet de l'arbre fut garni de longues lanières de cuir cru mouillé. Il fut planté droit dans le sol et les sorciers dansèrent autour pour s'excuser de l'avoir coupé.

L'arbre resta ainsi dressé pendant trois soleils. Et durant ces trois soleils on mouilla régulièrement les lanières de cuir en tirant dessus pour les allonger. Les gens se relayèrent pour danser au son des tambours et des flûtes en os. Ceux qui voulaient toucher l'arbre le pouvaient, mais ils devaient aussi faire des cadeaux aux nécessiteux de leur tribu.

Pendant tout ce temps, isolés dans une tente-médecine réservée à cet effet, les hommes destinés à fixer le soleil jeûnaient et imploraient le Grand-Esprit de leur donner la force d'aller au bout de l'épreuve.

Chez nous, les O-gla-la, seuls mon père et Taureau-Blanc allaient connaître la souffrance. Les autres hommes la partageraient par l'esprit et leur bravoure s'en trouverait renforcée.

Au quatrième soleil, avant que n'apparaissent les lueurs de l'aube, Âme-Teinte alla chercher Cheval-d'un-Autre et le plaça devant l'arbre, face au levant.

Ayant exprimé son vœu en premier lors du petit pow-wow en présence de Couteau-Émoussé, mon père bénéficiait de cette prérogative.

Œil-de-Bouc, le sorcier des Êtres-Humains, s'approcha de lui, armé d'un couteau tranchant. Il lui incisa la peau des pectoraux en séton et inséra une broche de bois dans chacune des coupures.

Mon père ne broncha pas, et pourtant les broches étaient grosses comme un doigt !

Ayant fait, Œil-de-Bouc saisit les deux courroies attachées à l'arbre, les tendit et noua leur extrémité aux broches. Mon père, un léger sourire aux lèvres, se laissa aller en arrière, accentuant la tension des lanières, gardant l'équilibre grâce à elles.

Ainsi suspendu, Cheval-d'un-Autre plissa les paupières et fixa le soleil levant. Il devait maintenant suivre la course de l'astre dans le ciel et rester dans cette position jusqu'au couchant.

À la première plainte, au plus petit gémissement, mon père serait détaché et connaîtrait la honte. Pas celle ressentie par les lâches, mais celle d'un homme qui a trop présumé de ses forces.

Les tambours marquèrent le rythme d'une complainte monotone. Massée autour de l'arbre, une foule d'hommes, de femmes, d'enfants et de vieillards encourageait par ses chants la ténacité de Cheval-d'un-Autre, exhortait sa vaillance et glorifiait sa douleur.

Tout était mis en œuvre pour aider le supplicié à mieux supporter la torture. Un jeune brave cria :

— Souffre, Cheval-d'un-Autre ! Après cela, tu n'auras plus rien à redouter.

Mon père le remercia par un sourire.

Cheval-Fou voulut lui faire oublier ses tourments. Il lui parla d'un faon qu'il avait apprivoisé lorsqu'il était enfant. Sans quitter le soleil du regard à travers ses paupières plissées, Cheval-d'un-Autre conversa un moment avec le chef des Chiens-Guerriers et demanda à boire.

Une femme se précipita, tendit une louche pleine d'eau vers la bouche de mon père. Chacun était aux petits soins pour lui, s'attachait à le distraire et à combler ses désirs.

À la moitié de la course du soleil, des groupes de danseurs vinrent le divertir. Les Heyo-Kas exécutèrent des cabrioles et se livrèrent à des pitreries inédites.

Cheval-d'un-Autre souriait et semblait s'amuser beaucoup. Rien ne dénonçait sa lassitude, pas le plus petit tressaillement, pas le moindre rictus...

Par moments, je levais les yeux et regardais la marche du gros disque ardent, notais ses progrès. En dépit de l'apparence sereine de mon père, je le trouvais bien lent. Surtout que maintenant les courroies mouillées commençaient à sécher, le cuir rétrécissait et tirait plus fortement sur les broches. Imperceptiblement, Cheval-d'un-Autre se haussait sur la pointe des pieds. Il ne fallait pas que la tension arrache ses chairs, le moment n'était pas venu, car il n'avait pas encore assez souffert.

En fait, la faiblesse de Cheval-d'un-Autre ne m'apparut que le soir. Ce soleil, qui n'en finissait plus d'avancer, n'était qu'aux trois quarts de sa course quand ses yeux se révulsèrent.

Les encouragements se firent plus pressants. Les gens vinrent déposer des présents à ses pieds, lui firent miroiter les délices de la nuit de repos qui succéderaient aux affres de sa douleur. Mais Cheval-d'un-Autre ne réagissait plus. Il n'avait plus la force de sourire, de paraître indifférent. Son masque absent et impénétrable ne reflétait plus aucune émotion.

L'oreille tendue, les sorciers guettaient ses plaintes. Cependant, mon père les retenait

encore ! Plongé dans un état second, peut-être n'avait-il plus assez d'énergie pour gémir ?

Je m'approchai de lui. La peau de ses pectoraux, bien que tendue démesurément, ne semblait pas sur le point de se rompre. Cette déchirure l'aurait libéré et aurait consacré sa réussite.

Je m'avançai à le toucher et murmurai à son oreille :

— Fais un dernier effort, Cheval-d'un-Autre. Secoue-toi. Tu dois arracher ces broches de ta chair.

Cheval-Fou m'avait entendu. Il hurla à son tour :

— Arrache, Cheval-d'un-Autre ! Tu as assez prouvé !

Mon père tourna sa tête vers moi et me dit d'une voix éteinte :

— Je n'y parviendrai pas... Aide-moi, Petit-Croc.

— Oui ! aide-le, Petit-Croc ! crièrent les gens massés autour de l'arbre. Son exemple a suffisamment servi aux autres !

Alors je fis ce que seul un fils pouvait faire pour son père. J'enserrai fortement sa taille de mes bras et me laissai pendre, pesant de tout mon poids...

Le bruit de la déchirure me donna le frisson. Nous tombâmes, lui sur moi. Cheval-d'un-Autre m'inondait de son sang.

Des acclamations jaillirent de l'assistance. Cheval-Fou me releva et me dit :

— Tu as gagné ta première plume d'aigle lors de la dernière grande chasse. Aujourd'hui, par ton acte, tu es devenu un homme.

Je voulus répondre mais, au lieu de cela, je m'évanouis.

Je me réveillai dans mon tepee, confortablement installé sur ma peau d'ours. Femme-Aigle-Rouge m'expédiait des claques sur les joues à toute volée.

— Veux-tu bien cesser ! m'écriai-je. Es-tu folle ?...

Et, me souvenant, je m'enquis :

— Où est Cheval-d'un-Autre ?

— Dans la tente du sorcier, me dit la femme, Plume-d'Aigle-Abondante s'occupe de lui. Sois sans crainte, ses plaies sont déjà recouvertes de pommade cicatrisante. Avant que tu n'aies le temps de fumer dix pipes, il sera rétabli...

Je savais le principal, mais Femme-Aigle-Rouge me dit encore :

— Demain Taureau-Blanc fixera le soleil. Et après, ce sera le tour des Braves du peuple des Êtres-Humains. Ensuite, on attachera à l'arbre les guerriers des autres tribus. La fête durera la moitié d'une lune. Alors, les Tuniques-Bleues pourront venir. Qui parmi nous craindra encore la morsure des balles ? Il est bien dommage que Nuage-Rouge ne soit pas ici. Ce Traîne-autour-des-Forts ignore la souffrance depuis trop longtemps. Il est probable qu'il est devenu aussi douillet qu'un Homme-Blanc...

Femme-Aigle-Rouge m'abrutissait de paroles. Je me laissai aller sur ma peau d'ours, fermai les yeux et songeai à mon père...

CHAPITRE VII

La cérémonie sacrée venait de se terminer. Sur les vingt Braves qui s'étaient imposé la torture, quinze avaient réussi, cinq avaient échoué.

Cheval-d'un-Autre n'avait pas déliré plus d'une nuit. Plume-d'Aigle-Abondante s'était occupée de lui avec dévouement et, grâce à ses soins, le lendemain il allait déjà mieux.

Mon père était maintenant complètement rétabli. Il avait attaché son grand cheval noir devant le tepee. Chaque soir, il montait dessus et se rendait au camp des Êtres-Humains ou à celui des Hunk-pa-pa. Il prétendait rendre visite à Taureau-Assis et Couteau-Émoussé. Mais, vu les longs détours qu'il faisait pour aller voir ses amis, je crois qu'il cherchait surtout à se faire admirer.

En dehors de cela, mon père ne quittait plus ses parures de guerre et passait tout son temps à entretenir ses armes. Moi, je coupais du bois, prenais soin du tepee, préparais les repas et chassais pour deux. Cheval-d'un-Autre semblait heureux !

Nous devions nous disperser prochainement. Notre rassemblement devenait une cible trop tentante pour les Faces-Pâles. Ce n'est pas que nous attachions beaucoup d'importance aux propos défaitistes de Nuage-Rouge, mais Touche-aux-Nuages se souvenait qu'il avait parlé d'une forte armée et de nombreux fusils-chariots. Nous voulions bien mourir, mais pas trop tôt. Que seraient devenus nos deux immortels sans amis et sans femmes ?... Cela me rappela que Cheval-d'un-Autre était veuf et que Plume-d'Aigle-Abondante l'était aussi. Il y avait deux lunes de cela, lorsque j'avais conseillé à mon père de prendre une épouse, il m'avait déclaré qu'il réfléchirait à la question. Mais, maintenant qu'il ne pensait plus qu'à la guerre, je doutais qu'il accepte encore de se chercher une femme. Ne devais-je pas favoriser une rencontre puisqu'il m'incombait d'assurer sa vie matérielle ?

J'en pris la décision et j'allai voir Plume-d'Aigle-Abondante.

La femme faisait cuire une langue de bison dans un pot en terre. Son tepee était bien rangé, elle avait une belle réserve de bois et sa cuisine sentait bon. Plume-d'Aigle-Abondante était l'épouse qu'il fallait à mon père !

Après l'avoir saluée, je lui déclarai :

— Plume-d'Aigle-Abondante, tu es si gentille que j'aimerais t'avoir pour mère.

Elle m'adressa un regard étonné et se mit à rire.

— Il faudrait pour cela que je devienne la femme de ton père...

— C'est ce que je voulais dire, affirmai-je. Cheval-d'un-Autre est immortel et il paraîtrait qu'il peut voler. Juge toi-même des avantages qu'il présente.

Plume-d'Aigle-Abondante resta décontenancée. Mais elle se reprit rapidement.

— Est-ce Cheval-d'un-Autre qui t'envoie me conter ces sornettes ?

J'évitai de répondre à cette question et mis de la chaleur dans ma voix :

— Pas plus tard qu'hier il me parlait encore de toi. Il se souvient de l'attention avec laquelle tu l'as soigné et il n'a que compliments à la bouche lorsqu'il t'évoque.

Plume-d'Aigle-Abondante passa ses mains grassouillettes sur ses larges hanches et me demanda presque timidement :

— Il ne me trouve pas trop grosse ?

Bien sûr, il me fallait compter avec le trop visible embonpoint de Plume-d'Aigle-Abondante. Néanmoins, Cheval-d'un-Autre m'avait assez répété qu'il ne fallait pas accorder trop de prix à l'apparence des êtres, que les qualités morales primaient sur l'aspect du corps...

J'assurai effrontément :

— Bien au contraire ! Mon père estime que tu es la plus avenante des femmes.

Plume-d'Aigle-Abondante chassa par un sourire la ride que l'incrédulité avait placée sur son front et me dit, très enjouée :

— C'est bien ! Puisque ton père est amoureux de moi, dis-lui qu'il peut venir me jouer de la flûte à six trous [1].

Ravi, j'inclinai la tête, tournai les talons et m'éloignai. Il ne me restait plus qu'à convaincre Cheval-d'un-Autre d'aller jouer un air de flûte devant le tepee de Plume-d'Aigle-Abondante à la nuit tombée. Cela ne serait pas le plus facile...

Mon père nettoyait son vieux fusil avec un morceau de peau imbibé de graisse d'ours. Je décidai de ne pas le déranger et de l'entretenir

1. Instrument utilisé par les hommes pour séduire une femme convoitée.

du projet après le repas du soir, l'instant serait beaucoup plus favorable. Et puis cela me laissait le temps de réfléchir à la meilleure façon de l'amener à accepter. Je ne devais pourtant pas négliger le principal. Sous prétexte de ranger ses affaires, je fouillai dans ses bagages à la recherche de sa flûte en os...

Un incident m'empêcha de la trouver. Survenant d'entre les tepees, un cavalier du clan des Chiens-Guerriers hurla, dressé sur sa monture :

— Absa-Rokee ! Absa-Rokee [1] !...

1. La tribu des Corneilles, ennemie des Sioux.

Aussitôt ce fut le tumulte. Les hommes empoignèrent leurs armes et les femmes coururent s'enfermer dans les tentes. Les chiens, excités par cette subite agitation, se mirent à aboyer férocement.

Mais nous fûmes bien vite rassurés. Un homme seul, monté sur un petit poney tacheté, nous apparut. Il appartenait à la tribu des Corneilles. Toutefois, il ne portait aucune peinture de guerre et levait sa main pour nous montrer qu'elle était vide. Il venait en paix.

Touche-aux-Nuages reçut l'étranger et l'invita à se restaurer. Celui-ci accepta, posa pied à terre. Son poney alla renifler le cheval noir de mon père et resta en sa compagnie. Venant de la monture d'un Absa-Rokee, cette entente soudaine ne m'étonnait qu'à moitié. Le bruit courait que les Corneilles, à l'occasion, ne répugnaient pas à fraterniser avec les Faces-Pâles.

Feuille-Légère, l'épouse de Touche-aux-Nuages, posa une peau de bison sur le sol devant l'entrée de son tepee et la désigna à l'étranger. Il s'assit dessus, jambes croisées, et regarda sans rien dire les hommes qui accouraient.

La nouvelle de cette visite imprévue s'était vite répandue. Les chefs des différentes tribus arrivaient l'un après l'autre et formaient le cercle autour de l'Absa-Rokee.

Feuille-Légère lui apporta une écuelle pleine de ragoût. Il mangea, lécha le plat pour montrer sa reconnaissance et le rendit à la femme de Touche-aux-Nuages.

Afin de parfaire les convenances, Taureau-Assis offrit sa pipe à l'étranger. Ce dernier fuma en parcourant du regard le décor peu alléchant de la vallée. Puis il interrogea :

— N'avez-vous pas trouvé mieux pour planter vos tentes ? Cet endroit est sinistre.

Je partageais son avis, mais je ne le dis pas.

Cheval-Fou entreprit de brusquer les choses ; il demanda insidieusement :

— Allons-nous parler avec un homme qui n'a pas de nom ?

— J'en ai un, dit l'Absa-Rokee. Je me nomme Petit-Chef et j'appartiens au Peuple-Corneille...

Le Corneille hésita et poursuivit, comme à regret :

— Cependant, je ne vis pas parmi les miens. Je suis l'éclaireur d'une armée de Tuniques-Bleues. Je suis venu vous prévenir d'un grand danger et, peut-être, vous éviter le pire.

Un long murmure prolongea ces paroles. Intrigué par la démarche de l'éclaireur, Couteau-Émoussé s'enquit :

— Pourquoi te ferions-nous confiance ?

L'Absa-Rokee leva fièrement le front.

— Mener les Faces-Pâles sur les pistes de cette contrée est une chose, les aider à massacrer mes frères en est une autre. Ne sommes-nous pas de la même race ?

Un silence se fit. Chacun s'interrogeait, tentait de sonder les raisons qui animaient le

Corneille. Cheval-Fou, plus préoccupé par la présence des Tuniques-Bleues dans les parages, dit, soupçonneux :

— Parle-nous de cette armée à laquelle tu viens de faire allusion.

— Il s'agit de la plus grande armée qu'on ait jamais vue, expliqua Petit-Chef. Celui qui la commande se nomme Trois-Étoiles. Son but est d'anéantir toutes les tribus de cette vaste contrée. Les survivants, s'il y en a, seront parqués dans une réserve.

Ainsi se concrétisait la Grande-Peur ! La mort ou la réserve ! Touche-aux-Nuages interrogea d'une voix sourde :

— Et tu ouvres la piste pour cette armée ?

— Non, dit Petit-Chef. Je suis l'éclaireur du régiment qui la précède. Les Faces-Pâles appellent cela une « avant-garde ». Cette troupe a pour mission de repérer vos villages et d'attendre le gros de l'armée de Trois-Étoiles. Mais le chef de notre avant-garde rêve de gloire et, maintenant qu'il vous a trouvés, il veut remporter la victoire à lui tout seul. Il chargera à l'aube prochaine.

— C'est un fou ! remarqua Taureau-Assis.

— Oui, confirma le Corneille. Mocassins-Poilus, le deuxième éclaireur de ce régiment, a

tenté de m'aider à l'en dissuader. Nous lui avons dit qu'il y avait plus de tepees au bord de la Rivière-du-Petit-Mouflon que nous n'en avions jamais vu, mais il ne nous a pas écoutés.

— Combien ce régiment comprend-il d'hommes ? demanda Couteau-Émoussé.

— À peu près deux cent cinquante, dit Petit-Chef.

Cheval-d'un-Autre ne sourcilla pas. Ce nombre ne devait pas lui dire grand-chose. En revanche, les sourcils de Cheval-Fou se froncèrent. Il devait penser qu'une telle quantité de Tuniques-Bleues bien armées n'était pas à dédaigner.

— Quel est le nom du chef de cette... avant-garde ? questionna Touche-aux-Nuages.

— Il en a plusieurs, dit le Corneille. Les Êtres-Humains le nomment le Tueur-de-Femmes, les Dako-ta l'appellent Cheveux-Jaunes, et ses propres hommes Cul-Dur [1].

Cette dernière appellation amena un peu de gaieté.

— Pourquoi Cul-Dur ? demanda Taureau-Assis en riant.

1. George Custer, commandant le 7e régiment de cavalerie.

— Parce qu'il est du matin au soir sur son cheval, répondit Petit-Chef.

— Nous l'appellerons donc Cul-Dur ! trancha Taureau-Assis sur le ton de la bonne humeur.

Dans le cercle, les têtes opinèrent à l'unisson.

Mon père, qui n'avait encore rien dit, mais que les prémices d'une proche bataille intéressaient, s'enquit :

— Cul-Dur a-t-il beaucoup de fusils-chariots avec lui ?

— Aucun, dit Petit-Chef. Cul-Dur les a laissés à Trois-Étoiles. Ces gros fusils sont lourds à traîner...

— Eh bien, il a eu tort de s'en débarrasser ! coupa Cheval-Fou. Nous le lui ferons regretter !

Touche-aux-Nuages était moins emporté que le chef des Chiens-Guerriers. Quelques neiges auparavant, Nuage-Rouge n'avait-il pas fait allusion à une autre arme redoutable ?

— Il paraîtrait que les Tuniques-Bleues possèdent un nouveau fusil...

— C'est vrai, admit le Corneille. Ils peuvent tirer plusieurs coups sans qu'il soit besoin de les recharger. Néanmoins, ils chauffent vite et ont tendance à s'enrayer.

— À s'en...rayer ? dit Cheval-Fou qui ne comprenait pas ce mot.

— Ils se coincent, si tu préfères, précisa Petit-Chef. Comme si tu voulais introduire deux gros os dans le gosier d'un chien.

— Tant mieux ! s'écria le chef des Chiens-Guerriers qui, je crois, n'avait pas saisi l'image.

— Quand l'armée de Trois-Étoiles sera-t-elle là ? demanda Taureau-Assis en montrant beaucoup d'intérêt.

— Pas avant deux soleils, dit l'éclaireur. Vous avez le temps de fuir cette nuit. Ainsi vous échapperez à Cul-Dur et à Trois-Étoiles.

Taureau-Assis sourit imperceptiblement. Il formait visiblement un plan différent.

— Et tu prétends que Cul-Dur attaquera à l'aube prochaine ?

Petit-Chef se contenta de hocher la tête affirmativement.

— Dans ce cas, décréta le sorcier Hunk-pa-pa, nous livrerons bataille à Cul-Dur ! Nous partirons après avoir écrasé ce régiment, avant l'arrivée de Trois-Étoiles.

Les femmes poussèrent des trémolos. Les hommes lancèrent des « Hoka-Hey ! » et les enfants imitèrent le cri de l'aigle.

Ces incitations à la guerre durent émouvoir le Corneille ; il déclara lorsque le calme fut revenu :

— Je combattrai avec vous !

Taureau-Assis se pencha vers lui.

— Sous quel prétexte es-tu venu jusqu'à nous ?

— J'ai prétendu que j'allais chasser, dit Petit-Chef.

— La sagesse conseille donc que tu rejoignes Cul-Dur. Si tu ne le faisais pas, il penserait que tu nous as donné l'alarme. Laissons-le croire qu'il bénéficie de l'effet de surprise. Ainsi la bataille sera plus égale.

Le sorcier fit une pause, ses yeux brillèrent de ruse.

— Puis-je te demander une dernière chose ?

— Tu le peux !

— Est-ce toi qui normalement dois conduire les Tuniques-Bleues vers nous ?

— C'est moi, dit l'éclaireur.

— Alors regarde bien cette crête. Arrange-toi pour mener Cul-Dur sur cette hauteur et nous ferons le reste.

Petit-Chef fixa dans sa mémoire l'endroit que venait de lui désigner Taureau-Assis. Il se leva, fit trois pas et se retourna.

— C'est dit, je dois partir ?

— C'est dit ! fit Taureau-Assis. Demain sera un beau jour pour mourir, mais tu vivras afin de raconter nos exploits.

Le Corneille récupéra son poney, monta dessus et disparut par où il était venu.

Le cercle ne se disloqua pas. Les chefs devaient organiser le combat du lendemain. De son issue dépendait le sort du Peuple-Couleuvre, celui des Êtres-Humains et de tous les autres. La Grande-Peur atteignait au paroxysme et chacun la ressentait plus que jamais.

CHAPITRE VIII

L'aube pâlissait à peine. Les femmes ranimaient les feux. Les enfants, aux yeux pleins de sommeil, commençaient à sortir des tepees. Les chiens rôdaient à la recherche d'une aubaine. Un vieux se déploya et j'entendis craquer ses os.

Cette aube ressemblait à toutes les autres. Chacun vaquait à ses occupations et faisait les gestes naturels. Tout était calme. Dans les enclos, les poneys ne manifestaient aucune impatience. Ils boiraient plus tard, comme les autres matins.

La fumée des feux montait droit dans le ciel. Des rapaces volaient en cercle, à l'affût d'un quelconque déchet. Oui, le camp avait son apparence habituelle... Et pourtant, à la première lueur du jour, le loup n'avait pas poussé son cri rauque sur la hauteur. Le loup n'aime pas la compagnie des hommes, et il y avait des hommes dans les collines.

Cheval-d'un-Autre était parti depuis longtemps déjà, il s'était fondu dans la nuit comme une ombre. Lorsqu'il avait empoigné son vieux fusil, je m'étais dressé, faisant mine de le suivre. Mais il m'avait dit : « Les femmes auront besoin de toi si les choses tournent mal. Prends ton six-coups, Petit-Croc, et veille sur elles. »

Alors, le six-coups passé dans la ceinture, j'attendais... j'attendais je ne sais trop quoi.

Pied-de-Corbeau parlait avec Petit-Renard un peu plus loin. Je marchai vers les deux jeunes braves. Petit-Renard disait :

— ... j'ai vu tomber quinze neiges. Je suis assez vieux pour mourir. Si les Tuniques-Bleues me tuent, on parlera de moi et je serai connu.

— Tu sais bien qu'on ne parle jamais des Guerriers-Muets, ça porte malheur, rectifia Pied-de-Corbeau. Envoyons plutôt un grand nombre de Faces-Pâles au Pays-des-Ombres...

Ces deux-là avaient de curieuses pensées en tête. Je m'approchai et demandai à Pied-de-Corbeau, pour détourner la conversation :

— Où est ton père ?

Il me montra du doigt un point opposé à celui que Taureau-Assis avait désigné la veille au soir au Corneille.

— Il s'entretient avec Wa-kan-da. Il est là-haut, sur ce monticule.

Je compris que le sorcier des Hunk-pa-pa adressait une prière au Grand-Esprit et je me doutais pourquoi.

Mon regard revint se poser sur la colline que Taureau-Assis avait montrée à l'éclaireur. Une pente douce, partant de la rive opposée de la rivière, montait jusqu'au sommet. La crête bouchait l'horizon et cachait ce qu'il y avait derrière. De chaque côté de ce vaste plan incliné couvert d'herbes jaunies, des ravines creusaient le sol. Les pluies d'orage devaient y trouver un lit à la mesure de leur impétuosité... L'endroit était désert. Trop désert pour mon goût ! Un Homme-Blanc à cheval pouvait dévaler la pente, sauter la rivière et fondre sur le village en un rien de temps.

Et qu'aurait-il trouvé dans ce village ? Uniquement des femmes, des enfants et des vieillards... et, bien sûr, quelques jeunes braves pour les défendre !

Je n'étais guère rassuré. Et Taureau-Assis qui priait tout seul, isolé sur un mont...

C'est à ce moment que le coude de Pied-de-Corbeau heurta mes côtes.

— Regarde, Petit-Croc !

Les premiers rayons du soleil dressaient un écran de lumière derrière la colline. Des cavaliers se profilant en contre-jour garnissaient le

sommet, s'y répandaient, l'occupant dans son entier, y créant une large tache bleu sombre.

— Les voilà ! gronda Petit-Renard.

« Déjà », pensai-je.

Alors, tout se passa très vite. J'entendis un air de musique [1]. Et une clameur sauvage. La tache bleue coula sur la pente, droit sur nous.

— C'est Cul-Dur ! exulta Petit-Renard.

Ma main se referma instinctivement sur la crosse de mon six-coups. Les femmes, médusées, regardaient la scène sans bouger. Les enfants, saisissant des bâtons, jouèrent à tirer sur les Faces-Pâles.

Et la vague déferlait. Elle était maintenant à mi-chemin de nos vies. Je hurlai :

— Cachez-vous !

Alors ce fut la panique. Les femmes happèrent les enfants, les serrèrent sous leurs bras et coururent se mettre à l'abri.

La horde dévalait, gagnait du terrain. Elle n'était plus qu'à une portée de flèche et rien ne semblait plus pouvoir l'arrêter. Pourquoi nos hommes n'attaquaient-ils pas ? Nous avaient-ils abandonnés ?

J'eus honte de cette pensée, car des « Hoka-Hey ! » partirent brusquement de la rivière.

1. La trompette sonnant la charge.

Les Chiens-Guerriers de Cheval-Fou, jusque-là cachés tout au long de la rive, sortirent des broussailles, opposant leur corps à la charge folle. Ces hommes étaient nombreux et bien armés. Des coups de feu claquèrent, des flèches sifflèrent, brisant l'élan des attaquants. Et plus mon cœur cognait dans ma poitrine, plus il sortait de guerriers du lit encaissé de la rivière.

Des Tuniques-Bleues tombèrent. La confusion régna un instant dans leurs rangs. Puis, devant le mur épais que le Peuple-Couleuvre dressait sur le bord du cours d'eau, les Faces-Pâles hésitèrent et refluèrent sur la gauche pour le contourner.

Cul-Dur avait été très justement surnommé le Tueur-de-Femmes par les Êtres-Humains : il fuyait les hommes pour aller s'attaquer aux femmes du village.

Mais les Braves de Couteau-Émoussé jaillirent des ravines, bouchant toute cette partie de la vallée.

Devant l'échec de cette seconde tentative, les Tuniques-Bleues rebroussèrent chemin et partirent vers la droite.

Après un court galop, leurs montures se cabrèrent et firent volte-face. Là encore le terrain venait de se couvrir de guerriers. Les

O-gla-la de Balafré, surgissant des anfractuosités, criaient : « Stack ! Stack ! Stack !... »

La ligne de nos combattants épousait la forme de la lune mordue. Les Tuniques-Bleues se trouvaient cernées sur trois côtés, seule la crête leur offrait un espoir de retraite.

C'est alors que nos hommes, postés au bord de la rivière, entreprirent de monter la pente, repoussant peu à peu les Faces-Pâles vers la hauteur.

Cheval-Fou tirait à s'en brûler les mains, ses Chiens-Guerriers décochaient traits sur traits. Pressées d'échapper à l'étreinte, les Tuniques-Bleues se ruèrent en direction du sommet.

Une ultime déconvenue les attendait. Avant que les soldats de Cul-Dur ne l'atteignent, la crête se couvrit de Hunk-pa-pa, de Da-ko-ta et de Minne-conju. Un barrage infranchissable !

Les Tuniques-Bleues étaient encerclées !

Les Hommes-Blancs tournèrent en rond, dans une grande confusion. Puis, au son de la musique, ils se regroupèrent, sautèrent de leurs chevaux.

Et nous assistâmes au drame... Ces hommes sans cœur abattirent sauvagement leurs montures d'une balle entre les oreilles et s'en firent un rempart !

« Les pauvres bêtes », soupira Pied-de-Corbeau.

De part et d'autre, personne ne tirait plus. Après les cris et les détonations, un silence pesant figeait toute vie... Les nôtres se concertaient. Les soldats reprenaient leur second souffle...

Ce régiment de Tuniques-Bleues, hérissé de fusils, représentait une force considérable dont il nous fallait venir à bout. Le plus dangereux restait à faire !

J'eus une pensée pour mon père... Avec quel groupe se battait-il ? Cheval-d'un-Autre était-il réellement immortel ? Un grand froid prit possession de ma nuque.

Dans mon dos, les femmes s'étaient massées. Leurs trémolos vibrèrent dans l'air, se répercutèrent dans toute la vallée.

Alors, brusquement, éclatant comme un coup de tonnerre, les « Hoka-Hey ! » fusèrent à nouveau et nos guerriers passèrent à l'attaque.

Le village ne risquait plus rien et une force me poussait à traverser la rivière. Je me tournai vers Pied-de-Corbeau et décrétai :

— C'est un beau jour pour mourir !

Il inclina la tête et s'élança en même temps que moi.

En posant le pied sur l'autre rive, je vis que Petit-Renard nous avait suivis... et les femmes aussi !

Os-Éclaté, blotti dans un trou, se dressa devant moi.

— Je t'attendais, Petit-Croc !

— C'est bien, dis-je. Viens, tu vas pouvoir acquitter ta dette.

J'escaladai la pente et me retournai.

— Alors, tu viens ?

Os-Éclaté fit trois pas, battit des bras et s'écroula. Une balle perdue venait de le toucher en plein front.

Pied-de-Corbeau me tira par la manche :

— Suis-moi, le Grand-Esprit s'occupera de lui.

Abasourdi, je dépassai les soldats tués lors du premier engagement. Tous étaient déjà scalpés. Les femmes se jetèrent sur eux, les dépouillèrent de leurs vêtements, s'emparèrent de leurs armes en poussant des trémolos.

— Je veux moi aussi abattre mon Homme-Blanc ! me cria Femme-Aigle-Rouge.

Là-haut, le vacarme était devenu assourdissant. Nos cavaliers menaient une ronde infernale autour des Tuniques-Bleues. La poussière épaisse soulevée par les sabots me cachait les visages. Je reconnus néanmoins Pluie-dans-la-Figure, Touche-aux-Nuages et Cheval-Fou. Suspendus au flanc de leur monture, ils tiraient sous le cou des poneys pour se cacher de l'ennemi. Des nuées de flèches, tirées en dehors du cercle mouvant, montaient dans le ciel et redescendaient en sifflant sur les Hommes-Blancs. Beaucoup étaient déjà morts et pendaient par-dessus les chevaux abattus... Plusieurs des nôtres, hélas, gisaient aussi sur le sol.

Et je montais toujours la pente, me rapprochant de la tuerie. Une question me harcelait. Avisant Balafré, je l'interpellai :

— As-tu vu Cheval-d'un-Autre ?

Hébété, couvert de sang, le guerrier balbutia :

— Il est... avec Taureau-Blanc, tu le trouveras plus haut...

Je continuai mon ascension. Pied-de-Corbeau n'était plus là, Petit-Renard non plus. Avaient-ils, eux aussi, été tués par une balle perdue sans que je m'en aperçoive ?

Un Brave aux yeux hagards venait vers moi. Je l'agrippai aux épaules :

— Couteau-Émoussé, sais-tu où est Cheval-d'un-Autre ?

Halluciné, il me montra le centre de la fournaise où un homme se cramponnait à la hampe d'un drapeau bleu et rouge :

— Vois cet Homme-Blanc qui n'est pas habillé comme les autres, celui qui porte une veste en daim frangée. C'est Cul-Dur !

J'abandonnai Couteau-Émoussé à son obsession et me réfugiai dans la mienne. Je devais trouver mon père !

Une âcre odeur de poudre me prit à la gorge. Le nuage de poussière s'estompait. La ronde hurlante de nos cavaliers venait de cesser. Les poneys, couverts d'écume, se retiraient. Beaucoup de morts restaient sur le terrain. Trop de morts ! Bien abritées par leurs montures, les Tuniques-Bleues faisaient mouche à tout coup.

Mais nos hommes à pied reformèrent la boucle. Dissimulés dans les broussailles, ils rampèrent sur le ventre, s'approchèrent à bonne distance et firent pleuvoir sur l'ennemi une pluie de projectiles. Des Faces-Pâles tombèrent en poussant des cris inhumains. D'autres s'affaissèrent sans prononcer un mot, une flèche dans la gorge ou une balle dans le crâne.

J'étais près du lieu du carnage maintenant, du plomb sifflait à mes oreilles, mais je n'y prenais pas garde. Une main saisit ma cheville, me tira. Je tombai à côté de Tonnerre-de-Feu. Il me tint aplati sur le sol et me dit :

— Vois, Petit-Croc, il n'en reste qu'une poignée.

C'était vrai. Nos flèches faisaient des victimes et les coups de feu des Tuniques-Bleues s'espaçaient. Leurs fusils devaient commencer à chauffer et à s'enrayer.

Cependant, Cul-Dur se cramponnait toujours à son drapeau !

Je rampai à mon tour, dépassai Chaud-Brouillard et Oreille-de-Bison. Tous deux avaient rendu l'âme. Des mouches couraient sur leurs yeux ouverts. Des balles fauchèrent l'herbe au

ras de ma tête. Je roulai sur le côté, glissai dans une ravine et me trouvai nez à nez avec Cheval-d'un-Autre. Il avait du sang et de la terre plein la figure, ses mains étaient noires de poudre. Il me regarda, étonné, et me demanda d'un ton bourru :

— Que fais-tu là, ne devais-tu pas protéger les femmes et les enfants ?

— Les femmes n'ont pas besoin de moi, répondis-je. Je viens, moi aussi, tuer des Faces-Pâles.

Mon père bougonna, se haussa au bord de l'excavation, épaula son fusil et tira... Une Tunique-Bleue s'écroula derrière son cheval.

Pendant qu'il rechargeait, je dis :

— Tu vois cet homme là-bas, près du drapeau, Couteau-Émoussé le connaît. Il paraît que c'est Cul-Dur.

Je n'aurais jamais dû prononcer ces mots. Mon père repéra l'Homme-Blanc que je venais de lui montrer, posa son fusil et prit son couteau.

— Ce monstre ne vaut pas une balle ! s'écria-t-il. Je vais lui trancher la gorge !

Je m'agrippai à sa chemise de guerre et tentai de le retenir.

— C'est impossible, Cheval-d'un-Autre ! Tu n'arriveras pas vivant jusqu'à lui.

Mon père me considéra en souriant.

— Comment cela, impossible ? Qu'ai-je à redouter ? As-tu oublié que je suis immortel ?

— Nous n'en avons pas la preuve, m'alarmai-je.

— Eh bien, nous allons l'avoir ! rugit-il.

Et, s'arrachant à mes doigts crispés, il bondit hors du trou... Il n'alla pas plus loin. Foudroyé, il retomba dans la ravine, la poitrine transpercée à la place du cœur.

Pétrifié d'horreur, je saisis sa tête, la secouai comme un forcené et me pris à hurler :

— Non ! Relève-toi, Cheval-d'un-Autre ! Tu ne peux pas mourir ! Souviens-toi, tu es immortel !

Une main serra mon bras. Une voix dit à mon oreille :

— Laisse-le, Petit-Croc, tu ne peux plus rien pour lui.

C'était Taureau-Blanc. Deux larmes coulaient sur ses joues sales. Il prit la tête de son ami d'entre mes mains et la posa sur le sol avec précaution. Puis, avisant la crosse qui sortait de ma ceinture, il empoigna mon six-coups.

— Reste ici, Petit-Croc, laissa-t-il couler entre ses lèvres serrées. Je vais venger Cheval-d'un-Autre.

Alors, j'assistai à une chose impossible. Taureau-Blanc sortit du trou, poussa un énorme « Stack ! » et marcha sur l'ennemi, calmement, son arme pointée.

Les balles miaulaient autour de lui, déchiquetaient sa coiffe de plumes, trouaient ses vêtements. Et toujours il avançait, sans se presser, vers le Face-Pâle à la veste en peau de daim.

Son apparition tranquille créa une vive réaction chez nos guerriers. Au cri de « Hoka-Hey ! » ils se levèrent tous en même temps et, galvanisés, chargèrent les Tuniques-Bleues.

Cette ruée soudaine submergea les survivants. Quelques coups de feu claquèrent encore, et ce fut un affreux corps à corps. Les couteaux étincelèrent et furent bien vite ternis par le sang.

Médusé, je ne pouvais bouger, je n'avais d'yeux que pour Taureau-Blanc. Parvenu devant le rempart de chevaux morts, il enjamba les cadavres, abattit à bout portant le soldat qui s'opposait à lui et s'avança vers Cul-Dur.

Celui-ci tenait aussi un six-coups. Il le braqua sur Taureau-Blanc. Son doigt pressa la détente à plusieurs reprises... l'arme vide n'émit qu'une série de cliquetis. Celle du guerrier sursauta deux fois dans sa main, une première balle atteignit Cul-Dur à la poitrine, une seconde lui fit éclater la tempe gauche.

Il était le dernier à rendre l'âme. Seul le drapeau bleu et rouge restait dressé. Taureau-Blanc s'en empara et brisa la hampe sur son genou.

Ce geste mettait fin à la bataille.

Les femmes arrivèrent, précédées par leurs trémolos. Se souvenant des atrocités commises par les hommes de Cul-Dur à la rivière Washita, elles achevèrent les mourants et entreprirent de les scalper. Ces femmes, appartenant pour la plupart au Peuple des Êtres-Humains, vengeaient la mort de centaines d'innocents [1].

Taureau-Blanc revint vers moi. Il saignait de partout et son corps n'était plus qu'une plaie. Il me dit, sans pour autant s'apitoyer :

— Nous dresserons un bel échafaud funéraire à Cheval-d'un-Autre. Ses os ne pourront pas reposer au Pays-des-Ombres, et c'est bien dommage.

J'acquiesçai en silence. Taureau-Blanc ajouta :

— Tout est fini. Nous allons emporter nos chers trépassés. Les vautours s'occuperont des Tuniques-Bleues.

J'inclinai une nouvelle fois la tête et emboîtai le pas au guerrier.

Le soir, les chefs ordonnèrent la dispersion. Le prochain soleil devait voir l'arrivée de Trois-Étoiles. Il découvrirait les restes de son avant-garde et voudrait venger Cul-Dur. Nous devions encore fuir !

Les Hunk-pa-pa décidèrent de se réfugier sur les Terres-de-Grand-Mère [2]. Les Êtres-

1. Au massacre de la Washita, il y eut soixante pour cent de femmes et d'enfants tués.

2. Le Canada. La grand-mère était la reine d'Angleterre.

Humains préférèrent partir vers le sud. Beaucoup d'autres tribus ne savaient quelle piste prendre. Touche-aux-Nuages fut partisan de regagner le fleuve Pierre-Jaune. Il y avait des peupliers des marais pour les poneys dans cette région, rien ne leur faisait le poil aussi brillant.

Nous laissions nos morts derrière nous. Tous ceux qui ne pourraient plus désormais reposer dans les montagnes Sacrées. Nous venions de remporter une victoire, mais nous perdions la guerre...

Nous partions et nous emmenions la Grande-Peur avec nous !

Photocomposition :
TÉLÉ-COMPO - 61290 BIZOU

Achevé d'imprimer
par Maury-Eurolivres S.A.
45300 Manchecourt

Dépôt légal : mai 1996.

POCKET - 12, avenue d'Italie - 75627 PARIS Cedex 13